U0726863

# 大学体育教育理论与运动实践指导教程

陈正江　华景梅　杨添朝　主　编

北京工业大学出版社

**图书在版编目（CIP）数据**

大学体育教育理论与运动实践指导教程 / 陈正江，华景梅，杨添朝主编 . — 北京 ： 北京工业大学出版社，2020.7（2021.11 重印）

ISBN 978-7-5639-7589-1

Ⅰ . ①大… Ⅱ . ①陈… ②华… ③杨… Ⅲ . ①体育—高等学校—教材 Ⅳ . ① G807.4

中国版本图书馆 CIP 数据核字（2020）第 122401 号

## 大学体育教育理论与运动实践指导教程

DAXUE TIYU JIAOYU LILUN YU YUNDONG SHIJIAN ZHIDAO JIAOCHENG

**主　　编：** 陈正江　华景梅　杨添朝

**责任编辑：** 邓梅菡

**封面设计：** 点墨轩阁

**出版发行：** 北京工业大学出版社

　　　　　　（北京市朝阳区平乐园 100 号　邮编：100124）

　　　　　　010-67391722（传真）　bgdcbs@sina.com

**经销单位：** 全国各地新华书店

**承印单位：** 三河市腾飞印务有限公司

**开　　本：** 710 毫米 ×1000 毫米　1/16

**印　　张：** 14.75

**字　　数：** 295 千字

**版　　次：** 2020 年 7 月第 1 版

**印　　次：** 2021 年 11 月第 2 次印刷

**标准书号：** ISBN 978-7-5639-7589-1

**定　　价：** 62.00 元

# 前　言

　　高校体育是我国高校课程体系的重要组成部分，也是高校实施素质教育和培养全面发展人才的重要途径。体育作为促进学生身心健康发展的重要手段，为学校培养合格的人才，发挥了重要作用。体育与健康课程是学校体育教育的重要内容之一。大学阶段是青年学生身体发育的旺盛阶段，也是其个性形成的关键时期。面对竞争日益激烈的社会环境，通过高校体育与健康教育培养大学生健康的体魄和良好的心理素质，是当前高等教育工作者需要履行的最为重要的职责和义务。

　　为了全面贯彻与实施党的教育方针，促进大学生的健康发展，使当代大学生成为社会主义事业的建设者和接班人，我们依据国务院批准发布的《学校体育工作条例》的精神和教育部颁布的《全国普通高等学校体育课程教学指导纲要》的基本要求，结合高校体育教学改革趋势，组织编写了这本《大学体育教育理论与运动实践指导教程》。我们基于新时代背景，在广泛汲取国内外体育教育的有益成果和合理因素的基础上，以全新的体育健康观，牢牢把握素质教育、健康第一和以人为本的指导思想，以育人和增强学生体育与健康意识为宗旨，以提高体育能力、增进身心健康、养成终身体育锻炼习惯为主线，科学地构建了教材体系，并着重对运动项目进行了精选和介绍，以为大学生对体育与健康课程的学习和自我身体锻炼提供科学的指导，旨在促进大学生德、智、体、美、劳的全面发展，为推进大学生素质教育奠定一定的理论基础。

　　本书从实际需要出发，以终身体育为目标，既包括体育理论指导，又有实践课的具体要求，更符合社会的需求。本书内容多为实用价值高、大学生喜闻乐见的体育知识和运动项目。理论部分（第一章）首先介绍了体育锻炼的基本理论，主要包括体育锻炼的基本原理、基本原则、内容与方法；实践部分（第二章至第九章）介绍了学生身边常见的运动项目，包括田径运动、足球运动、篮球运动、排球运动、羽毛球运动、乒乓球运动、武术运动、健美操运动，有助于学生课后自学，掌握科学锻炼的基础知识、基本技能和有效方法，从而培养学生的意志品质、合作精神、竞争意识和交往能力，使其养成良好的体育锻炼习惯和健康的生活习惯。

　　本书内容新颖、系统、全面，以介绍体育锻炼方法为主线，引导大学生在掌握体育运动技战术的同时，主动参与运动，树立终身体育的观念，有助于培养大学生鲜明的个性和不怕困难、不断超越自我的意志，具有较高的理论价值和实用价值。

为了使本书内容更加完善，在编写的过程中编者参考了大量相关文献和研究成果，在此向相关作者及学者表示由衷的感谢。由于编者水平有限，书中难免存在不足之处，请广大读者批评指正。

# 目　录

# 第一章　体育锻炼的基本理论

## 第一节　体育锻炼的基本原理

在现代社会的竞争中，保持良好的身体状态是事业有成的物质基础。体育锻炼是影响身体状态的一个重要因素。从事体育锻炼，必须掌握有关的理论知识。锻炼过程的新陈代谢原理、运动负荷的有效价值范围原理和人体适应环境能力的动态平衡原理是体育锻炼的基本原理。

### 一、锻炼过程的新陈代谢原理

新陈代谢一般是指生物体不断地用新的物质来替换旧的物质和自我更新的过程。有机体的新陈代谢是生命活动的基本特征之一，是维持生物体生长繁殖、运动等生命活动全过程中的化学变化的总称。新陈代谢的兴衰与生命力息息相关、不可分割。新陈代谢旺盛，人的生命力就随之旺盛；新陈代谢衰退，人的生命力就随之衰退；新陈代谢停止，人的生命活动也就随之终止。

新陈代谢包括同化和异化作用两个方面。同化过程（亦称组成代谢）是指机体从外界环境中不断摄取养料，转换成自身的组成物质，并储存能量；异化过程（亦称分解代谢）是指机体将自身的物质不断地分解，并释放能量，以满足机体生理活动的需要，分解的最后产物则被排出体外。

新陈代谢的同化、异化作用是相互依存同时进行的。在人体生长发育的不同年龄阶段，同化、异化作用有所不同。人体在生长发育成熟之前，同化作用占优势，储存起来的化学能量增加；人体生长发育成熟后进入青壮年时期，同化与异化作用保持相对平衡，人体处于比较稳定的状态；人体进入老年后，异化作用占优势，体内的物质与能量被过多地消耗。构成人体结构的基本单位是细胞，细胞由元素组成原生质，组成细胞原生质的主要成分是蛋白质。人体是由无数个细胞组成的，每一个细胞每时每刻都在进行新陈代谢。正是这种不断的新陈代谢，促使细胞组织发生结构和功能上的分化，从而产生人类的不断进化。生命活动不仅是细胞和组织自身的新陈代谢，还维持着整个有机体的新陈代谢。

体育锻炼是促进有机体新陈代谢的一种刺激，能引起组织系统的兴奋，促进物质代谢和能量转换，产生代谢的不平衡。科学研究表明，在进行体育锻炼时，由于身体的活动必然消耗体内的能量物质，体内的物质和能量储备相应减少，产生了强身健体的"诱因"。这种异化作用占优势的现象是暂时的、相对的生理反应。体育锻炼后，根据锻炼负荷的性质和负荷量采取按摩放松、合理饮食、心理调节等一系列恢复补偿的体育养护措施，能达到强身健体的效果。因此，体育锻炼是经科学处理的身体活动，可使机体向完善的方向转化，这就是体育锻炼可以增强体质的生理过程和理论依据。

人体通过长期的体育锻炼，不仅能有效增强自身的体质，而且可以改善遗传的基因。人类的繁衍，存在遗传变异，但遗传是相对的，变异是绝对的。遗传是指父代细胞体中染色体内的脱氧核糖核酸（DNA）将遗传信息传给子代，使子代得到与父代相同的一定的遗传性特征，如外貌体态，甚至性格、气质等。遗传对体质的影响只提供了发展的可能性，体质的强弱则有赖于后天的环境条件与人的主观能动性。经常从事体育锻炼，可弥补遗传特征的不足，塑造完善的身体。

## 二、运动负荷的有效价值范围原理

运动负荷的有效价值范围是指按一定的心率区间来确定运动负荷的计量标准。体育锻炼在对人体产生适当的量和强度的刺激的前提下，才能达到健身益心的效果。因此，每个人都要根据自己的特点和身心状况安排运动负荷。体育锻炼对每个人来讲不可能有一个统一的最佳运动负荷价值的绝对标准。然而，正常人之间体质水平、身心状况的差异比较小。确定运动负荷的有效价值范围，对绝大多数人来讲，具有普遍的现实意义。

随着人们对体育锻炼的需要的不断发展，国内外学者对运动负荷的有效价值范围理论的探讨和实践已引起普遍关注。有些国家采用电脑控制仪、心电图记录器和基础体力测定器等装置为体育锻炼提供健康变化的各种数据，这为确定运动负荷的有效价值范围奠定了基础。

在体育锻炼中，心搏量达到极限的程度，必须经过以下三个时期：一是发动期；二是心搏量急剧上升期；三是心搏量进入极限期。从心搏量急剧上升期到心搏量极限期之间，所得数据称为心搏量极限区间。心搏量极限区间的高值和低值之间，即为运动负荷的有效价值范围。在进行体育锻炼时，使心率保持在这个区间内波动，并达到锻炼时间的 2/3，就能取得最佳的锻炼效果。

体育锻炼应以有氧代谢为主。据国内外有关研究成果表明，体育锻炼有效价值范围所处的心率为 120 ～ 140 次 / 分钟。当心率在 110 次 / 分钟以下时，机体的血压、血液成分、尿蛋白和心电图等，都没有明显的变化，锻炼身体的价值不大；当心率在 130 次 / 分钟时，每搏输出量接近或达到一般人的最佳状态，锻炼身体的效果明显；当心率在 150 次 / 分钟时，每搏输出量开始缓慢下降；当心率增加到 160 ～ 170 次 / 分钟时，虽无不良反应，但不能呈现出更好的健身迹象。因此，从事体育锻炼时，健康人负荷的有效价值范围应以心率保持在 120 ～ 140 次 / 分钟为宜。心率在此范围内波动的时间，应以占一次锻炼总时间的 2/3 为宜。

生理学实验还证明，心率在 120 ～ 140 次 / 分钟时，每搏输出量最大；心率在 140 ～ 180 次 / 分钟时，心排血量最大。因此，在体育锻炼过程中，适当安排弧度较大、持续时间较短的无氧代谢练习，有助于提高负氧债能力。

在进行体育锻炼时，要根据自己的年龄、体质状况确定有氧代谢的运动负荷。目前，国外常采用以下三种方法确定运动负荷的计量标准。

①卡沃南氏公式：接近极限负荷的脉搏次数（假设是每分钟 200 次），减去安静时的脉搏次数（假设是每分钟 60 次）乘以 70%，再加上安静时脉搏次数 60 次。

$$（200-60）× 70\%+60=98+60=158（次 / 分钟）$$

②以运动负荷有效价值范围中脉搏频率 150 次 / 分钟以下（平均 130 次 / 分钟）的运动负荷为指标，提高有氧代谢能力。

③以 180 次为基数减去参加锻炼者的年龄数作为体育锻炼时每分钟的平均脉搏数值。

按照以上三种方法确定体育锻炼时的运动负荷，所得数值与运动负荷有效价值范围心率数值相近，但是，不论选择哪种计量方法确定运动负荷，都要自我感觉运动后是否舒适，并以不影响正常的工作、学习和生活为准。

### 三、人体适应环境能力的动态平衡原理

适应环境能力是指人体在适应外部环境中所表现的机体能力，它包括对客观环境的适应能力和对疾病的抵抗能力。

客观环境包括自然环境和社会环境。环境的变化对人体的发展具有极大的

影响。良好的环境为人体朝着自我完善和健康的方向发展提供了必要的条件；恶劣的环境则妨碍着人体顺利地进行自我完善和健康的发展，甚至危及人们的生命安全。人体不断地与客观环境取得动态平衡，是促使自身发展的首要条件。

人体的发展一刻也离不开日光、空气和水等自然因素，它们是生命的源泉。人体是恒温的有机体，当体温保持在 37℃ 左右时，才能保证生理功能的正常运行。体温上下浮动 1℃ 以上，就意味着病态。而影响人体体温的光照、气温、风速、湿度、气压等气象条件，每时每刻都在变化之中。为了适应自然环境的变化，除积极采取御寒防暑措施之外，关键还在于提高人体对体温的调节机能。科学摄取营养和进行体育锻炼，能够有效地加快机体内部的产热和散热过程，从而使调节体温机能更加灵敏。实践证明，充分利用日光、空气和水等自然因素进行体育锻炼，能有效增强体质，提高机体的体温调节能力。因此，体育锻炼最好选择在阳光和煦、空气新鲜的户外进行，并可根据自己的体质状况和需要，进行日光浴、空气浴和冷水浴等锻炼。

人体的生存和发展同样也离不开社会环境和物质条件的制约。不同的社会制度和历史阶段，不同的政治局面和经济地位，都会对人体发展产生综合的影响。在现实的社会环境中，不同的劳动方式、职业工种、生活习惯、体育锻炼、休息娱乐等，都是构成社会环境条件的重要因素，都会对人体发展产生直接或间接的影响。

## 第二节　体育锻炼的基本原则

### 一、FIT 原则

FIT 是次数（Frequency）、强度（Intensity）和时间（Time）这三个英文单词首字母的缩写，它是人们从事以增进健康为目的的运动所必须遵循的基本监控原则。要想在安全的锻炼过程中取得良好的效果，必须科学地控制锻炼的次数、强度和时间。

①次数。表示每周进行身体锻炼的次数。要想获得良好的体育锻炼效果，每周至少应该进行 3～5 次体育锻炼。

②强度。对有氧运动的强度控制可以通过测量心率来实现。在进行有氧运动时，心率应以最大心率的 60%～80% 为宜。运动强度的增加必须遵守循序渐进的原则，必须充分考虑自己目前的身体状况和现有的身体健康素质水平。

③时间。指每次运动的持续时间。为了提高心肺循环系统的耐力，至少应

持续进行 20 ～ 30 分钟的有氧运动。练习的强度会直接影响持续运动的时间，而在大多数情况下，控制运动时间要比控制运动强度容易得多。如利用中长跑进行健身锻炼，锻炼者在固定的时间内进行持续的有氧运动（控制时间），在固定的时间内跑完特定的距离（控制强度）等。

### 二、自觉积极性原则

自觉积极性原则要求锻炼者在充分理解体育健身的目的、意义的基础上，自愿、主动、积极地进行体育健身。健身体育不同于人们劳动和日常生活中的一般躯体活动，更区别于动物所具有的走、跑、跳、攀登等自然的本能动作。人们所从事的健身体育是有一定目的和意识的身体活动，因此，尤其需要发挥自觉积极的主观能动性。

现代社会，人们越来越关注健身体育，对体育运动和健康的要求越来越高。与竞技体育相比，健身体育已不再把夺取优异成绩作为主要目标，而是为了谋求人类自身的健康完善和身体潜能的开发。因此，健身体育对个体而言就要求有十分明确的身体完善方案。单纯以消遣娱乐或打发闲暇时光为目的和动机，是不可能形成积极有效的健身锻炼活动的。

自觉积极性原则要求锻炼时要有明确的健身目标，懂得"生命在于运动"的道理，树立起锻炼有益于学习、工作和生活的信念。如果能把个人的切身需要和体育健身的功效与民族体质、人口质量以及国家的兴旺发达结合起来，就能更好地激发锻炼的热情。在这个基础上，还应认真选择适宜的身体锻炼内容和方法，以及安排适宜的运动负荷，使自己在锻炼之后能获得一种精神上的满足，感到有乐趣、心情舒畅，实现身心的统一。总之，体育健身的效果与锻炼者的信心和兴趣三者是相辅相成的，只有密切配合才能做到自觉积极地进行体育健身。

另外，定期检测健身锻炼的效果可以使锻炼者经常看到自己的进步，增强自信心，克服盲目性，提高针对性，从而有助于不断提高自觉健身锻炼的积极性。在健身锻炼中还可以通过医务检测、素质和成绩监测、定量符合检测、自我感觉、参加比赛等多种形式，对锻炼效果加以评价。对于各项检测结果，要用体育专门知识和科学态度进行正确的分析和客观的评价。要注意总结个人锻炼的经验教训，摸索适合自身特点的锻炼内容、负荷、手段和方法。

### 三、超负荷原则

超负荷原则是指在进行体育锻炼时，身体或特定的肌肉所受到的刺激强于不锻炼时或已适应的刺激强度。在进行体育锻炼时，只有遵循超负荷原则，身体健康素质才能在现有的基础上逐渐提高。

提高有氧耐力水平，可以通过增加每周的练习次数、每次练习的持续时间和练习的强度来达到超负荷的锻炼目的。

增强肌肉力量，可采取增加器械的重量、增加练习的次数或组数以及缩短越组练习的间歇时间等手段。

超负荷原则同样也适用于提高关节和肌肉的柔韧性，可通过增加肌肉的拉伸长度、拉伸持续的时间和加大关节活动的幅度来实现。

虽然超负荷锻炼可以使身体健康素质逐渐得到提高，但这并不意味着每次必须练到筋疲力尽。事实上，即使不进行超负荷的练习，一般性的锻炼也能促进和保持身体健康素质水平的提高，只不过需要花在锻炼上的时间更多，取得良好锻炼效果所用的时间更长而已。

### 四、循序渐进原则

循序渐进原则是超负荷原则的延伸，指在进行体育锻炼或提高某种身体健康素质时应逐渐增加运动负荷。要想获得理想的锻炼效果，增加运动负荷不宜太慢或太快。运动负荷增加太慢会限制身体健康素质的进一步提高，增加太快可能造成过度疲劳或引发运动损伤，影响正常的学习和生活。

体育锻炼的循序渐进原则是保持体育锻炼的动机和欲望以及预防运动损伤的重要条件。保持良好的身体健康素质是一个持续不断而且需要终身努力的漫长历程。如果放松或忽视了平常循序渐进的体育锻炼，在实施《国家学生体质健康标准》的测试时又想取得好的成绩，那么痛苦、沮丧、自卑等不良的心理体验就会与测试结伴而来，最终导致对体育锻炼的恐惧、厌倦和冷漠，可能使健康的发展就此中断。

### 五、安全性原则

安全性原则要求在体育锻炼的过程中要始终注意保护自己，做到安全第一。其主要内容包括：

①在制订或实施锻炼计划前一定要经过体检和医生的认可。如果患有某种疾病或有家族遗传病史，需要找医生咨询，在有医务监督的情况下按照医生的建议锻炼身体。

②在有条件的情况下，请运动医学专家根据自己的体质健康状况开具运动处方，在运动处方的指导下有目的、有计划地进行安全、科学的锻炼。

③每次锻炼前必须做充分的准备活动，以克服内脏器官的生理惰性，预防运动损伤的发生。

④饭后、饥饿或疲劳时应暂缓锻炼，病后初愈不宜进行较大强度的锻炼。

⑤每次锻炼后，要注意做好整理、放松活动，这样有利于促进身体的恢复，以良好的状态投入学习生活中。

⑥在锻炼的过程中，不要大量饮水，以免加重心脏的负担或引起身体及肠胃的不适反应。运动后，不宜立刻洗冷水澡。

### 六、运动强度的适时监控原则

心率可以帮助了解和控制体育锻炼的运动强度，它可以准确地提示运动强度是需要增加还是需要减少。为了准确地测量运动时的心率，必须在停止运动的 5 秒钟内测量，测量 10 秒钟的心率再乘以 6 就可算出运动时 1 分钟的心率。

最大心率指人体做极限运动时的心搏频率。一般运动强度都采用大心率的百分数来表示，但要直接测出每一个人的最大心率不仅是困难的，而且具有一定的危险性。人们可以采用下列公式来估算出自己的最大心率：

最大心率 =220− 年龄

靶心率指通过有氧运动提高人体心血管系统耐力的有效而且安全的运动心率。为了提高心血管系统的有氧耐力水平，运动时心率必须保持在靶心率的范围内。一般而言，靶心率的下限是最大心率的 60%，上限是最大心率的 80%。成年人靶心率的上限为最大心率的 80%，青少年靶心率的上限为最大心率的 85%。

靶心率为人们确定了以增进健康为目的的运动必须保持的每分钟心率的上限和下限。靶心率被确定后就可以监控运动时的练习强度，如果运动时心率超过靶心率的上限可以通过减速来降低运动强度；相反，如果运动时心率低于靶心率的下限可以通过加速来增加运动强度。

### 七、重点性原则

重点性原则是指在锻炼过程中，应针对其中某个方面进行重点锻炼，不能每个部分都是重点，也不能每个部分都是辅助。例如，拳击运动员讲求的是以上肢力量训练为重点，以其他训练为辅助的训练模式；跆拳道运动员讲求的是以下肢力量训练为重点，以其他训练为辅助的训练模式。人体在运动中，如果把每个部位的锻炼都看作锻炼的重点，那么其心脏功能会受到极大的影响，从而影响身体的健康。所以，根据个人的需求选择适合自己的锻炼方案和强度在体育锻炼中是必须考虑的内容。

总之，体育锻炼的目的是增强体质，促进身心健康。为了达到预期目的和效果，要求每一个人在体育锻炼时都要从个人的年龄、性别、职业、健康状况，以及体育锻炼知识、技术、技能、方法和爱好等方面的实际情况出发，制订切实可行的锻炼计划，确定适合个人的运动负荷和内容，做到既有一般要求又有区别对待，量力而行不可盲从。

## 八、环境监控原则

### （一）太阳射线对人体运动的不利影响

在进行体育锻炼时，皮肤过度暴露在强烈的阳光下会对机体产生很大的伤害。紫外线可使局部皮肤毛细血管扩张充血，使表皮细胞遭到破坏，导致皮肤发红、水肿或出现红斑。过量紫外线照射还可能引起光照性皮炎、眼炎、白内障、头痛、头晕、体温升高、精神异常等症状。

红外线的穿透力较强，常用于消炎、镇痛以及治疗运动创伤、神经痛和某些皮肤病。但是，过强的红外线照射对机体有害，它可使局部组织温度过高，甚至发生烧伤。当头部受强烈阳光照射时，其中的红外线可使脑组织的温度上升，而引起全身机能失调。因此，要尽量避免在强烈的阳光下锻炼身体，同时还应选择在反射率低的场地锻炼身体。

### （二）湿度对体育锻炼的不利影响

当气温适中时，空气湿度对人体的影响不大，而在高温或低温时，较大的湿度对人体十分不利。湿度越大，人体通过蒸发散热的途径就越容易受到阻碍，人体产热和散热的平衡就会被打破，从而使机体的正常功能受到不良影响。

在一般情况下，适宜的湿度为 40%～60%。在气温过高或过低的情况下，空气湿度越低越好，当气温高于 25℃时，空气湿度以 30% 为宜。

### （三）在热环境中的体育锻炼

人体在运动时，不管外界的温度如何，体内产热量都会大幅度增加，剧烈运动时，体内产热量会比安静时增加 100 倍以上。体内产生这么多的热量，在高温的环境下很难在短时间内向外散发。它们会蓄积在体内使体温升高，引起一系列的机能失调，甚至死亡。因此，在热环境中进行体育锻炼，必须采取防暑措施，否则就会有患热辐射疾病的危险。

首先，应尽量避免在酷暑条件下锻炼，如在热环境下锻炼，一定要及时补充水分，通过增加排汗量来促进体温的散发。

其次，要控制练习的强度和时间，还要穿合适的服装，既要保护皮肤不被红外线灼伤，又要通风透气，保证体温的散发，防止热疾病的发生。

### （四）在冷环境中的体育锻炼

在寒冷的环境条件下锻炼身体，可以提高人体对外界环境变化的适应能力和对疾病的抵抗能力。但是，冷环境可使肌肉的黏滞性提高，伸展性和弹性降低，工作能力下降，还容易引起运动损伤。

为了避免冷环境给运动带来的不利影响，在运动前要做好准备活动并延长运动时间，保证体温进一步升高。在运动时不要张大嘴巴呼吸，避免冷空气直接刺激喉咙而引起呼吸道感染、喉痛和咳嗽等。应注意对耳、手、足的保温，防止冻伤的发生。此外，在运动时不要穿太厚的服装，以免在运动中出汗较多导致运动后口干，运动后要及时穿好衣服保持身体温度。

### （五）避免在空气污染的环境中锻炼身体

大气污染物的种类有100多种，其中对人类有较大威胁的是烟雾尘、硫化物、氧化物、氮化物、卤化物、有机物等。大气中的污染物一般通过呼吸系统进入人体，也可以通过接触皮肤、黏膜、结膜等危害人体。

大气中的臭氧和二氧化碳是影响体育锻炼效果的两种重要污染物，它们可导致胸腔发闷、咳嗽、头痛、眩晕及视力下降等，严重的还可导致支气管哮喘。当空气中的臭氧含量达到 $0.2 \sim 0.75$ ppm（1ppm=1mg/L）时，就不应再进行户外锻炼。

二氧化碳可减少血液中血红蛋白的数量、降低血液运输氧的能力，从而直接影响锻炼效果。因为汽车会排放大量的二氧化碳，所以应避免到汽车流量大的马路边散步或跑步。

在遇到沙尘暴、可吸入颗粒物较多或大雾天气时，也应停止在户外的锻炼。

## 第三节　体育锻炼的内容与方法

### 一、体育锻炼的内容

#### （一）体育锻炼内容的分类

体育锻炼的内容与方法是多种多样的，为了合理选择锻炼内容，必须进行科学的分类。体育锻炼内容的分类如下：

①按体育锻炼的目的、任务可分为健身运动、健美运动、娱乐体育、医疗体育与矫正体育等。

②按运动形式可分为武术、气功、太极拳等。

③按竞技体育项目可分为球类、田径、体操、游泳、举重等。

④按自然力锻炼可分为日光锻炼、空气锻炼、水锻炼等。

#### （二）体育锻炼内容的选择

怎样选择体育锻炼的内容，是体育锻炼中一个十分重要的问题。内容的选择是否恰当，直接关系到锻炼的效果和锻炼者的积极性。因此，在选择体育锻炼内容时，应注意以下五点。

①目的性。就是指在选择锻炼内容时，要有明确的目的，如是健身还是健美，是娱乐性还是医疗性等。应在选择内容前，有一个明确的目的，并根据目的去选择合适的内容。

②实效性。就是指在选择体育锻炼内容时，要注意它的锻炼价值，不要贪多，要力图少而精，求实效。如《体育之研究》一文中指出："应诸方之用者其法宜多，锻一己之身者其法宜少。"

③全面性。就是指在选择体育锻炼内容时，要考虑到全面锻炼身体的作用。这不仅对正在成长的广大少年儿童是非常重要的，而且对中老年人来说，也是不可忽视的。当然，全面性并不意味着选择的内容越多越好，而是要把全面性的锻炼与少而精的内容有机结合起来。

④趣味性。锻炼的内容比较有趣，不仅能调动锻炼者的积极性，而且有利于增强锻炼效果。对刚开始参加锻炼的人，尤其对青少年更应强调这一点。

⑤季节性。就是指在选择体育锻炼内容时，要考虑到季节气候和环境条件，应因时、因地制宜。

**（三）体育锻炼的具体内容**

1. 健身运动

健身运动是指为增进健康、增强体质而从事的体育锻炼，开展健身运动主要是为了发展和增强人体内脏器官的功能，特别是增强心血管系统和呼吸系统的功能，以及提高力量、耐力、柔韧等身体素质，增强体质，提高工作（学习）效率，丰富业余生活，延年益寿。

健身运动一般以有氧代谢运动为主，锻炼者的年龄、性别和健康状况不同，所采用的内容与方法也不一样。青少年常采用多种运动项目，如田径、体操、球类、游泳、滑冰、滑雪等来锻炼身体。中老年人则一般采用走（散）步、慢跑、做操、太极拳、气功、健身球等来锻炼身体。下面重点介绍走步和跑步健身运动。

（1）走步健身运动

走步也称散步，是为许多人所喜爱的一项最简便的体育锻炼。古往今来，许多政治家、学者、科学家都常通过散步来锻炼身体、放松精神。经常散步，有益于身心健康，对于常在室内坐着工作的脑力劳动者和中老年人来说尤其重要。革命导师马克思、列宁都坚持散步；革命前辈徐特立，年近90岁时，依然坚持日行500步；世界著名哲学家康德，每天早上7点钟准时外出散步，30年如一日。这些精神和锻炼习惯都是值得借鉴的。

步行的方法与要求如下：

①普通散步法。一般指慢速（每分钟60～70步）散步，每次散步30～60分钟，这种散步一般用于健身。

②快速步行法。这种步行每小时5～7千米，每次步行30～60分钟，一般用于中老年人增强心脏功能和减轻体重。这种步行应分阶段、循序渐进地进行，心率应在120次/分钟以下。

③定量步行法。步行健身运动，不同于一般散步，它必须达到一定的运动负荷。心脏专家认为，每天应该走一万步，这一万步按每分钟100～120步的步速，每天要走一个多小时，其中最好有一次连续走30分钟以上。

（2）跑步健身运动

跑步是一项历史悠久、群众基础广、锻炼价值较大的健身运动。

跑步的方法与要求如下：

①跑步健身对中老年人来说，应以有氧代谢为主，采取匀速慢跑。

②跑步应注意循序渐进，每周跑的次数及距离要逐渐增加，不能急于求成，即要合理控制跑步的量和强度。心肺功能稍差的中老年人更应注意这一点。

③做好准备活动和放松活动。

④参加跑步的中老年人和体弱者，应事先经医生检查身体，得到医生允许后才能参加锻炼。

⑤注意加强自我医务监督，如果身体不适就不要勉强跑步，要从身体实际出发。这一点对中老年人与体弱者尤为重要。

2. 健美运动

健美运动是指以身体练习为基本手段，增强体质，塑造体形，形成优美的姿态与动作的一种专门性体育活动。健美运动有两种，一种是指为了参加健美比赛而进行的专门健美训练，另一种是指群众性健美教育和健美锻炼。在这里主要介绍群众性的健美运动（锻炼）。

当今国内外都积极提倡健美运动，不仅广大青少年和妇女积极参加健美运动，而且广大中老年人也改变了传统观念，重视健康美、体形美，认为这是一个国家、一个民族的精神文明的表现。

我国开展健美运动的主要目的是锻炼，是塑造我国人民特别是青少年一代的人体美。

人体美，包括健康美、体形美、姿态美和动作美四个方面。健康美，主要指在健康的身体的基础上，所表现出来的良好的精、气、神（包括肤色、眼神等）；体形美，主要指人体的轮廓线条美，如女子身材苗条，男子身体魁梧、四肢匀称等；姿态美，是指人们在日常生活中处于静止（如坐、立）或活动（走、跑等）状态时，身体各部分（头、躯干、四肢）位置的相互关系，即人体表现各种姿态时的形态美；动作美，是指完成动作时，举止大方，动作协调、准确、灵活，给人以美感。

健美运动的内容如下：

①为了发展肌肉以塑造体形美，可选择单杠、双杠、拉力器、哑铃、杠铃、徒手体操、技巧运动等内容进行锻炼。发展肌肉时应注意身体各部位肌肉的匀称和协调发展，把提高力量素质和柔韧素质有机结合起来，把发展大肌肉群和小肌肉群有机结合起来，把体形美和姿态美有机结合起来。进行力量练习后，应注意进行放松练习。

②姿态美，脊柱是关键。为了培养和形成姿态美，少年儿童应自幼注意培养正确的基本姿态——坐、立、走、跑的姿势。如果自幼不注意形成正确姿势，天长日久就会形成不良的习惯动作，以后改正就会很困难。培养正确姿态，一般采用器械体操、徒手操和一些专门性的矫正体操动作来实现，对女子来讲，

培养和形成体形美、姿态美最好的运动就是健美操和艺术体操。

3. 娱乐体育

娱乐体育是指为了丰富文化生活，吸引人们愉快健康地度过闲暇时间而开展的具有鲜明娱乐色彩的体育活动。

消遣娱乐是人们完成衣、食、住、行等赖以生存的基本活动之后，要满足生理和心理上的需要而形成的工作之外的一种特殊的社会活动方式。它为满足当代生活中人们的许多要求创造了条件，更重要的是它通过身体放松、竞技、欣赏艺术和大自然，为丰富生活提供了可能，为人们提供了激发基本才能的变化条件（意志、知识、责任感和创造力的自由发展），因此，开展娱乐体育对促进社会的发展和丰富人民的社会精神生活是有重大意义的。

娱乐体育的特点：通过娱乐体育可以使人的身心都得到改善，从而锻炼身体，陶冶情操；用娱乐体育占领业余文化阵地，对青少年尤为重要，可以用健康有益的娱乐活动使学生的身心得以正常发展。

娱乐体育的内容与方法包括：球类游戏、活动性游戏、季节性娱乐体育、旅游、游园、游艺晚会和民族形式的活动（如放风筝、跳橡皮筋、郊游、狩猎、荡秋千等），以及下棋和观看各种体育比赛等。

4. 自然力（日光、空气、水）锻炼

（1）自然力锻炼的作用和意义

人体和自然的关系，涉及一个内外环境的统一与平衡问题，也就是人们常说的人体要适应外界自然环境的变化。人体不仅要适应外界环境的变化，而且应充分利用日光、空气、水等自然力来锻炼身体，以提高对外界环境的适应能力，增进健康，增强体质。

日光、空气和水对身体各器官、系统的作用是很大的，例如，人经常晒太阳后，皮肤黝黑，这是机体的一种保护性反应，可避免日光过分地刺激到身体内部。日光中的紫外线具有杀菌能力，还能将人体中的一种胆固醇类物质变为维生素 D，维生素 D 能促进钙、磷的吸收，预防软骨病和佝偻病。经常进行日光浴，还能提高人体调节体温的能力，预防伤风感冒。

空气对人体的作用形式有温度、湿度、风力等，这些因素对提高神经系统的机能，适应外界气候的变化有很大的意义。在新鲜空气中进行空气浴，氧气丰富、阳离子浓度高，能使中枢神经系统、新陈代谢和呼吸系统的机能增强，提高身体的抵抗力和预防呼吸系统的各种疾病。

水锻炼对身体不仅有温度（冷水或热水）的影响，还有机械性和化学物质的刺激作用。如在海水中游泳，每升海水含盐 4 ~ 15 克，其中 80% 是食盐，20% 是碘盐、溴盐等，这些都对皮肤有很强的刺激作用。经常进行冷水锻炼，可促进有机体的新陈代谢，特别是能够改善皮肤的血液循环，加强皮下组织的营养供应，使皮肤变得柔韧、富有弹性，增强抵抗力，不易患皮肤病。

（2）进行自然力锻炼的要求

进行日光浴的要求：

①日光浴最好在靠近江、河、湖、海的地方进行，时间一般以上午 9 ~ 12 点，下午 4 ~ 6 点为宜。

②需要按顺序、平均地晒，一般先晒背，然后侧卧（左、右侧），最后晒前部，各部位晒的时间大体相等。

③进行日光浴时，气温应不低于 18℃，每天一次，开始晒时 5 ~ 10 分钟，然后逐步增加，成人可增加到 1 ~ 1.5 小时。晒太阳时不应看书或睡觉。

④如果日光浴和游泳配合，一般应先日光浴，再游泳。

不要在室内隔着玻璃晒太阳，这样太阳中的大部分紫外线会被玻璃吸收，达不到锻炼的效果。

进行空气浴的要求：

空气按温度的高低可分为三种：温暖的空气为 20 ~ 30℃；凉快的空气为 14 ~ 19℃；冷空气为 7 ~ 13℃。

①应从温暖的空气开始锻炼，逐步过渡到凉快的空气、冷空气。

②最好的时间为上午 10 点至下午 5 点，一般每次为 15 分钟，逐渐增加，最多可达 3 小时。

③空气浴可在阳台、花园、田野、森林、江河湖海边等空气新鲜的环境中进行。若风很大或有雾时不宜进行。

进行水锻炼的要求：

用水锻炼的方式有擦身、冲洗、淋浴、游泳等。水温可分为：冷水，20℃以下；凉水，20 ~ 34℃；温水，35 ~ 40℃；热水，40℃以上。

①锻炼最好从春季或夏季开始，每天坚持，冬季不要间断。

②开始时的水温应根据个人具体情况而定，一般为 20 ~ 30℃，之后再逐渐降低，直至 7 ~ 8℃。

③用凉水或冷水擦身的时间为每次 20 ~ 30 分钟，最好在早操后进行。

利用自然力进行身体锻炼，应加强医务监督，以保证锻炼的科学性。

## 二、体育锻炼的方法

### （一）负重锻炼法

负重锻炼法即载负重量进行锻炼，它要求锻炼者按一定的次数、重量、标准和动作频率去锻炼身体，增强体质。一般来说，为增强体质而进行负重锻炼，应采用最大摄氧量和最大心排血量以下的负荷，因为过大的负荷可能给心血管和呼吸系统带来不良影响。为了保证这种锻炼方法对身体的良好作用，在运动负荷值域范围内（心率在 120 ～ 140 次 / 分钟）可以多次重复或连续练习，如使用杠铃、沙袋等锻炼身体和增强力量。

### （二）重复锻炼法

重复锻炼法是指在运动锻炼的过程中，多次重复同一练习，两次（组）练习间安排相对充分休息，从而增加负荷的锻炼方法。此方法的关键是一次练习后，间歇时间应当充足，这样可以有效提高锻炼者的无氧、有氧混合代谢能力，提高各种技术应用的熟练性与机体的耐久性。重复次数的多少不同，对身体的作用就不同，重复次数越多，身体对运动反应的负荷量就越大。如果重复次数不断增加，可能使身体承受的负荷超过极点，乃至破坏身体的正常状态而造成损害。如锻炼下肢力量和速度，可以重复进行 60 米加速跑 4 ～ 6 次，每次跑后间歇 1 ～ 2 分钟，且每次跑的距离和速度不变。

### （三）间歇锻炼法

在锻炼的过程中，对多次锻炼的间歇时间有严格规定，使机体处于不完全恢复状态下，反复进行锻炼的方法叫作间歇锻炼法。该方法的关键是严格控制间歇时间，使机体处于不完全恢复状态，要求每次练习的负荷时间较长，负荷强度适中。此方法可使锻炼者的心脏功能明显增强，通过调节负荷强度，可使机体各机能产生与锻炼项目相匹配的适应性变化，提高有氧代谢供能能力，增强体质。和重复锻炼法一样，间歇的时间也要依据负荷的有效价值去调节。一般来说，当负荷反应（心率）指标低于有效价值标准时应缩短间歇时间，而高于有效价值标准时可延长间歇时间。实践中一般心率在 130 次 / 分钟左右时，就应再次开始锻炼。间歇时不要静止休息，应边活动边休息，如慢速走步、放松手脚、伸伸腰或做深而慢的呼吸等。

### （四）连续锻炼法

在锻炼的过程中，为了保持有价值的负荷量而不间断地进行运动的方法叫作连续锻炼法。此方法要求负荷强度较低、负荷时间较长、无间断地进行运动。从增强体质出发，需要间歇就停一会儿，需要连续就接二连三地进行下去，所以不能只讲究间歇，还要讲究连续。连续、间歇、重复都是在整个锻炼过程中实现的。连续、间歇、重复等因素有其独特的作用，连续的作用在于保持负荷量不下降，维持在一定的水平上，使身体充分地受到运动的作用。连续锻炼时间的长短，同样要根据负荷价值有效范围而确定，通常认为在140 次 / 分钟左右的心率下连续锻炼 20 ～ 30 分钟可使机体的各个部位都长时间地获得充分的血液和氧的供应，因而能有效地提高有氧代谢能力，提高耐力素质。

### （五）循环锻炼法

循环锻炼法是指在练习前，设立几个不同的练习点（或称作业站），练习者按照既定顺序和路线，依次完成每个练习点的练习任务，即一个点上的练习一经完成，练习者就迅速转移到下一个点，下一个练习者依次跟上，练习者完成各个点上的练习，就算完成一次循环，这种练习方法就叫循环锻炼法。其结构因素有：每点的练习内容、每点的运动负荷、练习点的安排顺序、练习点之间的间歇、每遍循环之间的间歇、练习的点数与循环练习的组数。

### （六）变换锻炼法

变换锻炼法是指通过不断变换运动负荷、练习内容、练习形式以及条件来提高锻炼者的积极性、适应性及应变能力的方法。此方法可以有效调节生理负荷，提高兴奋性，强化锻炼意识，消除疲劳和厌倦情绪，以达到增强锻炼效果的目的。如刚参加锻炼时，可多做一些诱导性练习和辅助性练习。随着锻炼水平的提高，应加大练习的难度，如用越野跑代替在田径场的长跑等。锻炼条件的变化，可使锻炼者的大脑皮层不断产生新异的刺激，提高兴奋性，激发锻炼的兴趣，从而提高机体对负荷的承受能力，增强锻炼效果。另外，不断对锻炼的内容、时间、动作等提出新的要求，可有效地调节生理负荷，使机体不断产生适应性变化，达到更好地锻炼身体的目的。

### （七）身体不同部位的锻炼方法

①头颈运动。头为人之首，常练可使大脑供血充足，有利于消除脑疲劳、增强记忆力。锻炼方法有头前屈、后屈、侧屈、回旋等。

②上肢运动。锻炼方法有俯卧撑、双杠臂屈伸、单杠引体向上及持器械的各种练习。

③躯干运动。锻炼方法有仰卧起坐、仰卧举腿、仰卧两头起、悬垂举腿、腰侧屈等。

④下肢运动。下肢为人体支柱，应使其发达、健壮，锻炼方法有杠铃深蹲、半蹲、提踵、跳跃等。

# 第二章　田径运动

## 第一节　走、跑基本技术

走跑类项目包括在跑道上进行的竞走、短距离赛跑、中距离赛跑、长距离赛跑、接力赛跑、跨栏跑、障碍跑和在公路上进行的马拉松（超长距离跑）。走跑可以有效地发展各种身体素质和意志品质，是增强体质的有效手段。本节主要介绍竞走、短跑、中长跑、跨栏跑和接力跑。

### 一、竞走

#### （一）竞走的基本技术

当身体重心移过支撑点垂直上方时，支撑腿快速有力地伸展髋关节、踝关节和趾关节，以55°左右的后蹬角，用脚尖蹬离地面。在支撑腿后蹬的同时，摆动腿屈膝迅速前摆，髋关节冠状轴随摆动腿的前摆绕支撑腿髋关节垂直轴转动，小腿依靠大腿向前摆动的惯性而前摆，脚掌沿地面向前迈步，并逐渐伸直膝关节。

当向前摆的腿膝关节伸直时，以65°左右的着地角，用脚跟在身体前方靠近运动中线的地方着地，着地瞬间也正是后腿脚尖将要离地之时。着地后，支撑腿膝关节伸直，力量由脚跟经脚掌外侧柔和、快速地滚动到全脚掌。与此同时，蹬离地面的腿脚尖朝下，离地较近，依靠蹬地反作用力的惯性自然、快速向前摆动。垂直支撑时，摆动腿大腿摆至支撑腿大腿稍前处，大小腿夹角略大于90°。

在前支撑阶段摆动腿向前摆动过程中，髋关节冠状轴适度绕支撑腿髋关节矢状轴转动，垂直支撑时，支撑腿一侧的髋关节和膝关节稍高于摆动腿一侧的髋关节和膝关节。支撑腿同侧肩稍下沉，使其低于另一侧肩的高度。

支撑腿在垂直支撑时，躯干基本上是正直的，目视前方，颈部自然放松。

后蹬过程中躯干略前倾。两臂配合下肢动作半握拳屈肘约 90° 前后摆动（两臂上臂摆至躯干两侧垂直部位时，肘关节略大于 90°，两臂向前摆和向后摆结束时，肘关节略小于 90°），使肩关节冠状轴与髋关节冠状轴呈扭转状态。向前摆臂时，手摆至胸骨前方不超过身体中线，高度不超过下颌。向后摆臂时，肘稍向外，上臂摆至稍低于肩的位置。

在场地弯道上竞走时，由于身体需适度向圆心方向倾斜，蹬地时右脚用脚掌内侧、左脚用脚掌外侧向稍右后下方蹬地。向前摆腿时右膝关节稍向内、左膝关节微向外。另外，右臂摆动的幅度和力度也比左臂稍大些。

由于竞走时间比较长，呼吸方法很重要。竞走时一般用鼻子和半张开的嘴同时进行呼吸。呼吸动作应自然，并与走的步数相配合，通常是两步一呼气，两步一吸气。要注意呼吸的深度，特别是呼气的深度，只有充分呼气后，才能充分吸气。

### （二）决定竞走成绩的主要因素

竞走时要经历多次单腿支撑与双腿支撑的交替，蹬与摆相配合的动作过程，属于周期性运动项目。竞走成绩的优劣，主要取决于竞走时步长的大小与步频的快慢。加大步长或加快步频均可提高竞走的速度。

竞走时的步长为两脚着地点之间的水平距离，它由后蹬距离、着地距离和一个脚掌长度三部分组成。后蹬距离的大小取决于腿长、后蹬腿伸展程度以及后蹬角度等因素。因此，后蹬时在合理后蹬角度下，充分伸展髋、膝、踝各关节，有利于增大后蹬距离。着地距离受腿长、髋关节冠状轴绕支撑腿髋关节垂直轴转动程度以及着地角度等因素的制约。因此，着地时在合理着地角度下，髋关节冠状轴绕支撑腿髋关节垂直轴转动程度大一些，有利于增大着地距离，从而增大步幅。

步频是单位时间内走的步数。步频的快慢取决于完成每一步所用时间的长短，而这一时间又包括单支撑时间和双支撑时间。因此，缩短单支撑时间和双支撑时间，就可以提高步频。

竞走时脚跟着地后迅速滚动到全脚掌，身体重心迅速前移。当身体重心移过支撑点垂直上方时，快速伸展髋关节、踝关节和趾关节，同时蹬离接触地面的腿，脚尖离地较近，大小腿呈自然折叠状态，以便缩短下肢摆动过程中的移动路线，节省摆动时间，两臂也协调配合快速摆动，这对缩短单支撑时间有很大的促进作用。而缩短双支撑时间，应从后腿离地时机着手，前腿脚跟着地之时，后腿脚尖马上蹬离地面，前腿脚跟与后腿脚尖同时着地的时间越短越好。

竞走比赛项目的距离都比较长，身体活动以有氧代谢为主，能量消耗较多，虽然竞走时身体重心轨迹呈上下左右的微波浪形，但上下起伏一般不超过 5 厘米，脚的落地点基本上在一条直线上，身体重心平稳地向前移动，以便减少身体重心移动的路程。

由于长时间连续走进，能量消耗多，比赛后程走进的速度有所下降，但在比赛开始后的大部分时间中，应以匀速走为主，这样比较节省能量，动作结构相对稳定，不易出现犯规现象。

上述问题都是竞走运动员在努力提高竞走成绩的过程中需要考虑的问题。

## 二、短跑

短跑是田径运动中距离短、速度快、人体运动器官在大量缺氧情况下完成的极限强度的周期性运动项目。在国内外大型运动会上，短跑的比赛项目有 100 米、200 米、400 米三项。

### （一）短跑的健身价值

短跑不仅是竞技运动项目，还是具有较高健身价值的健身项目。经常练习短跑，能提高人体神经系统兴奋和抑制的调节能力以及神经系统传导过程的灵活性；能提高有氧系统酶活性，增强肌肉物质代谢的能力，提高人体的最大摄氧能力和人体运动器官及内脏器官在缺氧条件下的工作能力；能发展速度、力量、灵敏、柔韧等身体素质，提高快速奔跑能力以及培养练习者的竞争意识和坚毅、顽强的意志品质等。

### （二）短跑的动作方法

田径运动中的短距离跑分为起跑、起跑后的加速跑、途中跑和终点跑四个紧密相连的部分。

1. 起跑

短跑起跑采用蹲踞式，正式比赛必须使用起跑器。听到"各就位"口令后，两手撑地，两脚依次蹬在前、后起跑器的抵足板上，后膝跪地，两臂伸直，两手间隔比肩稍宽，四指并拢与拇指成"八"字形，颈部自然放松。听到"预备"口令后，平稳地抬起臀部，重心适当前移，身体重量主要落在前腿和两臂上。听到发令枪声或其他出发信号后，两手迅速推离地面，两臂屈肘用力做前后摆动，两腿迅速蹬离起跑器，使身体向前上方运动。

## 2. 起跑后的加速跑

起跑后的加速跑是指从前脚蹬离起跑器到进入途中跑之间的这一段距离。动作方法：蹬离起跑器后，步长逐渐加大，上体逐渐抬起，两脚落点逐渐靠近一条直线；两臂有力地摆动，当上体逐渐抬起至正常跑的姿势并发挥较高速度时，即转入途中跑。

## 3. 途中跑

途中跑是短跑加速到最快速度与冲刺跑之间的距离，它是全程跑中距离最长、速度最快的一段，其任务是继续发挥并保持高速度跑。跑的动作按其动作结构分为后蹬与前摆、腾空和着地缓冲三个阶段。

## 4. 终点跑

终点跑是全程的最后一段距离，它的任务是尽力保持途中跑的高速度跑过终点，包括终点跑技术和撞线技术。进入终点跑后，要求在距离终点线15～20米处，保持上体前倾的姿势，加强摆臂和后蹬，尽量减少跑速的下降。终点撞线技术要求练习者在跑到离终点约一步距离时，上体急速前倾，双臂后摆，以躯干任何部位撞终点线。

## 三、中长跑

中长跑是中距离跑和长距离跑的合称，是指800～10 000米的径赛项目。经常进行中长跑练习，能有效地增强人体内脏器官、神经和肌肉系统功能，增强体质，提高健康水平，发展耐力素质，培养人克服困难的顽强意志品质。目前，男女中长跑的项目有800米、1 500米、3 000米、5 000米和10 000米。

### （一）基本技术

中长跑的技术包括起跑和起跑后的加速跑、途中跑和终点跑等。

## 1. 起跑和起跑后的加速跑

中距离跑采用半蹲式或站立式起跑，长距离跑采用站立式起跑。

半蹲式起跑：两臂一前一后，一手的拇指与其余四指成八字形支撑在起跑线后，另一手臂在体侧，体重主要落在前腿和支撑臂上。起跑动作与蹲踞式起跑相似。

站立式起跑的动作顺序按以下口令进行：听到"各就位"后，做一两次深呼吸，走到起跑线后，两脚前后开立紧靠起跑线的后沿，前脚跟和后脚尖之间的距离为一脚长，两脚左右间隔约半脚，后脚前脚掌支撑站立。两腿弯曲，上体前倾，集中注意力听枪声或"跑"的口令。听到口令后，两腿用力蹬地，后腿蹬地后迅速前摆，前腿迅速蹬直，两臂配合两腿的摆动，使身体向前冲出。加速跑时，上体前倾，积极摆臂、摆腿和后蹬。当跑出一定距离后，逐渐进入匀速而有节奏的途中跑。

2. 途中跑

（1）身体姿势

上体正直或稍前倾，头部放松，眼睛平视前方，面部和颈部肌肉放松。在后蹬的一刹那，上体前倾，髋部前送，用力蹬地，加快跑速。

（2）腿部动作

后蹬与前摆：这是中长跑技术中最主要的动作。当身体重心移过支撑点以后，开始做后蹬与前摆动作。当摆动腿通过身体垂直部位向前摆动时，支撑腿的各个关节要迅速蹬伸，迅速伸展髋关节、膝关节和踝关节，最后用脚趾蹬离地面。后蹬结束后，小腿肌肉放松，小腿后摆，并向大腿靠拢折叠，接着前摆，大腿积极下压，用前脚掌着地。

腾空：后蹬腿蹬离地面后，身体进入腾空阶段，尽量缩短腾空时间。腾空时充分放松蹬地腿，有力而快速地将大腿向前上方摆出。当后蹬腿的大腿向前摆动时，小腿随惯性自然摆起，膝关节弯曲，形成大小腿折叠的姿势。小腿顺惯性折叠，有助于摆动腿积极、迅速、省力地向前摆动。

落地：当摆动腿的大腿开始下落时，膝关节随之自然伸直，并用前脚掌着地。当脚落地后，膝关节稍微弯曲，在垂直阶段，脚跟稍向下落或全脚落地，减小脚着地的冲击力，为过渡到后蹬创造条件。

（3）摆臂动作

两臂适当离开躯干，肘关节自然弯曲，以肩为轴用合适的摆幅前后自然摆动，当臂摆到躯干的垂直部位时，肘关节的角度适当增大，放松肌肉。

3. 终点跑

终点跑是临近终点的一段加速跑。进入最后的直道后，要进行全力的冲刺跑。加速跑时要选择好时机，动员全部力量，以顽强的毅力跑过终点。

**（二）呼吸方式**

刚开始跑时可在自然的情况下加深呼吸，呼吸的节奏要和跑的节奏相配合。一般是跑两三步一呼气，跑两三步一吸气，并有适宜的呼气深度。随着疲劳的出现，呼吸的频率有所加快，应着重将气呼出，只有充分呼出二氧化碳，才能吸进大量新鲜的氧气。呼吸是利用鼻和半张开的嘴进行的，冬天或顶风跑时，可以用鼻子呼吸或用鼻子吸气、嘴呼气的方法，跑速加快以后，需要用鼻子和半张开的嘴同时呼吸。

跑步时，由于氧气的供应落后于肌肉活动的需要，所以，跑到一定阶段往往会出现胸闷、呼吸节奏紊乱、呼吸困难、跑速降低而感到难以继续坚持下去的现象，这就是"极点"，属于跑步过程中正常的现象。跑的强度大，极点就出现得早。因此，在练习长跑的过程中，一定要注意循序渐进，每次训练要做充分的准备活动，掌握好途中跑的速度变化。当"极点"出现时，一定要以坚强的意志跑下去，注意做深呼吸，特别要加深呼气，再适当调整跑速，继续跑一段距离后，呼吸就会逐渐变得均匀，动作又会感到轻松，不适感减轻或消失，这就是所谓的"第二次呼吸"。

### （三）练习方法

1. 途中跑技术练习

匀速跑 60～100 米；加速跑 60～100 米；匀速跑—加速跑—惯性跑，反复交替练习；中速反复跑、变速跑；匀速跑 600～1 200 米。

2. 站立式、半蹲踞式起跑和起跑后的加速跑技术练习

在站立式起跑的基础上练习半蹲踞式起跑，原地站立，身体前倾，保持身体前倾姿势加速跑 30 米；在直道和弯道上做站立式起跑和加速跑练习；半蹲踞式起跑和起跑后的加速跑练习。

3. 改进中长跑技术

反复跑 200～400 米；匀速跑 600～1 200 米；1 200～1 500 米的合理分配体力跑。注意跑的节奏与呼吸的配合，练习时要控制运动量，结合个人情况制订合理的练习计划。

### 四、跨栏跑

### （一）基本技术

1. 110 米跨栏跑技术

110 米跨栏跑全程跑的技术可以分为起跑至第 1 栏技术、途中跑技术、全程跑技术三部分。

（1）起跑至第1栏技术

起跑至第1栏技术的任务是在有限的距离内（11.50米左右）发挥高的跑速，为积极跨过第1栏做好准备，为全程跑形成良好的节奏奠定基础。合理的起跑至第1栏技术要符合以下要求：

①起跑至第1栏采用7步跑，须将摆动腿放在前面，起跑8步上栏时须将起跨腿放在前面。起跑器的安装和起跑技术与短跑相似，只是"预备"姿势时臀部较高。

②起跑后加速跑时，两腿和两臂协调一致，积极用力蹬摆；和短跑相比，身体重心升起较快，各步后蹬角略大，躯干抬起较早，跑到第6步后身体姿势已接近短跑途中跑的姿势。

③起跑后加速要求步数固定，步长稳定，准确地踏上起跨点。

（2）途中跑技术

110米栏途中跑由9个跨栏周期组成。和短跑周期相比，每一跨栏周期因跨栏需要，在动作外形、结构、时间、空间比例，以及身体重心运行轨迹等方面，都出现非对称的规律性变化。跨栏跑周期包括一个跨栏步和栏间3步跑。

①过栏技术。

过栏是指从起跨腿的脚接触到起跨点到过栏后摆动腿的脚接触地面时的一大步，即跨栏步。它由起跨攻栏、腾空过栏、下栏着地构成。

第一，高效的起跨攻栏。起跨是指从起跨腿的脚接触到起跨点到后蹬结束离地瞬间的整个支撑时期。任务是保持较高的水平速度，为迅速过栏创造更大的腾起初速度和适宜的腾起角度。正确的起跨攻栏技术是掌握好过栏技术的关键。

第二，合理的腾空过栏。腾空过栏是指从起跨结束身体转入腾空起，到摆动腿过栏后着地的空中动作。任务是保持身体平衡，快速完成剪绞动作，获得过栏后继续跑进的有利姿势。人体腾空后身体重心运行轨迹不能改变，靠加快摆动腿和起跨腿及其他肢体的相向运动，改变各肢体重心与身体重心位置的关系，从而快速着地支撑。这是提高过栏速度的重要因素。

第三，积极下栏着地。下栏着地是指从身体重心达到腾空最高点开始，到摆动腿着地支撑这一过程的动作。其任务是尽量减少水平速度的损失，使身体平稳、快速地离栏转入栏间跑。从理论上讲，下栏是从身体重心达到腾空最高点开始完成的一系列着地动作，事实上，下栏的动作意识要早一些。一般认为摆动腿的脚掌刚刚接近栏板就开始下压摆动腿。由于摆动腿下压加大了它与躯干的夹角，所以，加快了起跨腿以髋为轴向前提拉和腿部前移的速度。摆动腿的脚掌移过栏板的同时，起跨腿屈膝外展，小腿收紧抬平，脚尖勾起，足跟靠臀，以膝领先经腋下加速向前提拉。当脚掌过栏后，膝关节继续收紧，向身体中线高抬，脚掌沿最短路线向前摆出，身体成高抬腿跑进姿势。

过栏时，两腿剪绞换步动作是在两臂和躯干的协调配合下完成的。基本伸直的摆动腿异侧臂和经腋下向前提拉的起跨腿做相向运动。肘、膝几乎相擦而过，臂向侧下方积极有力地摆动，摆过肩轴屈肘内收，注意后摆过大易引起肩的转动，破坏身体平衡。

当伸直下压的摆动腿的脚掌着地时，要用脚掌做出前向后下方的积极"扒地"动作，脚着地后踝关节稍有缓冲，脚跟不要接触地面。躯干仍保持一定的前倾，起跨腿大幅度带髋向前提拉，两臂积极用力像短跑那样前后摆动，形成有利的跑进姿势。这对缩短下栏后的支撑时间、减少水平速度的损失和迅速转入栏间跑具有决定性的意义。

②栏间跑技术。

栏间跑是指从下栏着地点到过下一栏起跨点间的距离。任务是发挥跑速，保持节奏，准备攻栏。由于栏间跑是在固定的距离上，以固定的步数跑过的，同时又要为过栏做好准备，所以，在技术动作、步长、步频比例等方面和短跑途中跑相比有所不同。

栏间跑的第1步与跨栏步下栏阶段紧密相连。为使跨跑动作紧密衔接，由跨栏动作迅速过渡到跑的动作，在下栏着地时，要通过支撑腿踝关节及脚掌力量充分后蹬、起跨腿快速带髋向前提拉和两臂前后用力摆动来完成。后蹬角度为60°左右，身体重心前移。优秀运动员第1步步长在165厘米以上。

栏间跑的第2步动作结构与短跑途中跑相似，是快速跑进的关键步，受第1步动作质量的约束，后蹬角为57°左右，略大于短跑。抬腿高，下压积极，步长为2.10米左右。这一步为栏间跑最大的一步。栏间跑的第3步与起跨攻栏阶段紧密相连，其任务是继续快跑的同时，为起跨攻栏做好准备。动作特点是摆动腿抬得不高，放脚积极迅速，落地点靠近身体重心投影点，步长比第2步短15厘米左右，速度达到最高点。

③良好的跨栏周期节奏。

由跨栏步和栏间跑3步组成的一个跨栏周期，因过栏的需要，形成了与短跑不同的特有节奏。良好的跨栏周期节奏是肌肉紧张与放松合理交替工作的结果，也是获得优异运动成绩的必要条件之一。

（3）全程跑技术

加快过栏速度和栏间跑频率，是提高跨栏周期速度、创造优异成绩的根本途径。优秀运动员跨栏周期时长可突破 1 秒，平均速度在 9 米 / 秒左右，最高速度在 9.20 米 / 秒以上。起跑至第 1 栏步点要准确，跑速逐渐加快，过第 2 栏并未达到最高速度，前 3 个栏属加速阶段，第 4 至第 6 栏达到最高速度，而后速度有所下降，最后 2 至 3 栏因体力下降可适当增大腾空的高度，但不要破坏整体动作的平衡性，下最后一栏要用力蹬地和积极地向前后摆动两臂，像短跑那样冲向终点和撞线。目前，对速度耐力训练给予普遍重视，在其他条件非常接近的情况下，速度耐力水平往往决定胜负。前世界纪录保持者米尔本和内赫米亚，创纪录是前半程均在 6.7 秒左右，米尔本跑了 13.10 秒，内赫米亚却跑出了 12.93 秒的好成绩。

2. 100 米跨栏跑技术

女子 100 米栏技术阶段的划分与 110 米栏相同，全程设 10 个架栏。全程跑时，跑跨衔接紧密，动作协调自然，身体重心波动差小，更接近平跑。

（1）起跑至第 1 栏技术

主要技术特点与 110 米栏相同。采用蹲踞式起跑。"预备"时臀部抬得不像男子 110 米栏那样高，前五六步身体姿势和蹬地摆腿动作与 100 米短跑起跑基本相同。跑到最后一步上体基本直立准备起跨攻栏，步长比前一步缩短10 ～ 15 厘米。

（2）途中跑技术

100 米栏途中跑技术也包括过栏技术和栏间跑技术。和 110 米栏相比，在技术动作、结构、速度变化规律及运行节奏等方面，都大致相同。

（3）终点冲刺跑技术

下第 10 栏后，运动员一般用 5 步跑完。终点冲刺跑时不要过分紧张和拘谨，要借助加快两臂和两腿的摆动，全力冲向终点。撞线动作与短跑相同。

3. 400 米跨栏跑技术

（1）起跑至第 1 栏技术

400 米栏采用蹲踞式起跑，起跑器安装与起跑技术和 400 米短跑相同。起跑后加速跑速度与全程跑的成绩相适应，要求加速跑的步速、步长均匀。起跑至第 1 栏步数与栏间跑步数有关，栏间跑用 15 步，起跑至第 1 栏用 22 步；或14 步与 21 步；或 13 步与 20 步。

（2）途中跑技术

400 米栏全程所越过的 10 个栏分别设在两个直道和两个弯道上。

①过栏技术。

男、女 400 米栏的过栏技术基本相同，与 110 米栏相比，过栏技术无本质性的差异，只是由于栏架高度和栏间距离的不同，在动作形式、运动幅度、用力程度和动作细节上也存在某些差别。女子 400 米栏栏架低，起跨后蹬力量、上体前倾程度、摆臂幅度都较其他跨栏项目小，起跨腿提拉速度慢，跑跨连贯自然，接近短跑技术。男子 400 米栏的过栏技术要求介于 110 米栏和女子 400 米栏之间。男、女 400 米栏运动员不仅要在直道上过栏，而且要在弯道上过 5 个栏。跨弯道栏时，在动作结构方面要适当改变，对起跨腿的选择也有要求。一般来说，用右腿起跨比用左腿有利，它可以利用向心力顺利地过栏而不失去平衡。在技术上，用右腿起跨要求用右脚的前脚掌内侧蹬地，左腿屈膝攻栏时，膝关节和脚尖稍外转，向左前方攻摆，腾空后摆动腿从栏架左上角过栏，同时右臂向左倾斜。下栏时左腿用前脚掌外侧在靠近左侧分道线处落地，右腿提拉过栏时多向左前方用力。由于身体向左倾斜相对提高了右髋的高度，所以，起跨腿不用抬得太高，但要提拉到身体左前方，沿跑道左侧内沿跑进。

400 米栏运动员在栏间跑中也常用 14 步、16 步，因此，需要具备两腿均能起跨过栏的能力。运动员用左腿起跨时，为了使起跨腿在栏上过栏而不犯规，就必须靠近跑道外侧跑进，这就需要多跑一些距离。左腿起跨时，栏前 3 步应沿跑道中间跑进，最后一步以左脚掌的外侧落地起跨，稍向左前方蹬出。右腿屈膝向左前方攻摆，膝关节内扣，脚尖稍内转，腾空后小腿前摆过栏时要从栏架右半端栏顶过栏，以免起跨腿或脚由栏架之外越过而造成犯规。过栏时身体向左倾斜，左臂向左前方伸出，右脚稍内转，以前脚掌内侧落地。起跨腿提拉过栏后在左前方落地并迅速向前跑出。

②栏间跑技术。

栏间跑技术和 400 米平跑基本相同，但步数固定，步长准确，节奏感非常强。栏间跑步长不但要靠良好的肌肉力量，而且要有目测和空间定向能力才能准确踏入起跨点。栏间跑除去起跨攻栏、下栏落地的距离，实跑距离约为 32.70 米，男子一般跑 13～15 步，女子一般跑 15～17 步。后半程身体疲劳，可根据训练水平的高低，对栏间跑节奏、步数进行适当调整。

400 米栏间跑有相同节奏和混合节奏两种。相同节奏是指全程所有栏间跑都用相同的步数跑完，世界优秀运动员大多数用此种跑法。混合节奏是指前半程或不同段采用不同的步数跑完。例如，前 5 栏用 13 步，第 5—8 栏用 14 步，第 8—10 栏用 15 步；或者前半程用 13 步，后半程用 14 步等。

（3）全程体力分配和终点冲刺

全程跑的体力分配是在保持栏间良好节奏和顺利过栏的同时，全程各阶段的跑速差别较小。优秀运动员全程跑的速度均匀，节奏感强，前后半程时间差在2秒左右。从最后一栏到终点的40米，运动员都会感到疲劳，运动能力下降。此时也是争取比赛最后胜利的重要时刻，要特别注意保持正确跑的技术，加强摆臂、抬腿动作，以顽强的毅力冲向终点。撞线动作同短跑技术。

### （二）练习方法

#### 1. 过栏技术练习

摆动腿过栏动作：原地做摆动腿模仿练习；走步中摆动腿做鞭打动作；走步中做摆动腿经栏上的栏侧过栏动作。

起跨腿过栏动作：原地做提拉起跨腿过栏动作；栏前走2～3步后经栏侧提拉起跨腿，摆动腿做小幅度动作配合体会两腿的剪绞动作；栏侧做起跨腿过3～4个栏架练习。

过栏时两腿的剪绞动作和上下肢配合动作：原地站立做跨栏步两腿剪绞换步动作；原地摆腿过栏，起跨腿蹬地，当摆动腿下压时，起跨腿迅速收起提拉过栏。

#### 2. 过栏与栏间跑相结合的练习

站立式起跑过第1栏练习；站立式起跑反复跨3～5个栏架的练习；缩短栏间距离，采用站立式起跑连续跨越5～8个栏架的练习。

#### 3. 蹲踞式起跑后过栏技术练习

安装起跑器，起跑8步后跨越第1栏；掌握发令要领，练习起跑过第1栏的身体姿势；蹲踞式起跑跨2～3个栏架；听发令起跑跨越3～5个栏架。

## 五、接力跑

接力跑是由短跑和传、接棒组成的集体项目。比赛项目有男、女子4×100米和4×400米接力跑，还有一些传统的项目，如4×200米接力跑、迎面接力跑、不同距离团体接力跑、越野接力跑以及男女混合异程接力跑等。接力跑技术与短跑技术基本相同，所不同的是在快速跑的过程中，各队员间要互相配合完成传、接棒任务。

（一）基本技术

1. 4×100 米接力跑技术

（1）起跑技术

①持棒人起跑：第一棒运动员采用蹲踞式起跑，通常右手持棒，其基本技术与短跑起跑技术相同，但接力棒不得触及起跑线及起跑线前地面。持棒的方法是用中指、无名指和小指握住棒的末端，用拇指和食指分开撑地。

②接棒人起跑：第二、第三、第四棒运动员多采用半蹲式或站立式起跑。第二、四棒选手站在跑道外侧，第三棒选手站在跑道内侧。接棒运动员起跑姿势的选择，主要取决于能否快速起跑和进入加速跑，能否清晰地看到传棒选手以及设定的起动标志。

（2）传接棒技术

传、接棒方法，一般有上挑式和下压式两种。

①上挑式。

接棒人的手臂自然向后伸出，手臂与躯干成 40°～50° 角，掌心向后，拇指与其他四指自然张开，虎口朝下。传棒人将棒向前上方送入接棒人的手中。

这种传棒方法的优点是接棒人向后下方伸手臂的动作比较自然，传棒人的传棒动作也比较自然，容易掌握。缺点是接棒后，手已握在接力棒的中部，如不换手再传给下一棒时，则只能握住接力棒的前部，容易造成掉棒和影响快速前进。

②下压式。

下压式传接棒即"向前推送"的传、接棒方法，应当强调的是，在传棒时，手臂不要太高，要用手腕动作将棒向前下方推送入接棒队员手中，与此同时，传棒人可以用手腕动作来调整传棒动作的准确性。所以，在做此动作时，接棒人的手臂向后伸出，手臂与躯干成 50°～60° 角，手腕内旋，掌心向上，拇指与其他四指自然张开，虎口朝后，传棒人将棒的前端由上向下传到接棒人手中。

此种方法的优点是每一次传接棒都能握住棒的一端，便于持棒快跑。缺点是接棒人在手臂后伸时相对紧张。

在 4×100 米接力跑中也可以采用混合式的传接棒方法：第一棒运动员右手持棒，沿弯道内侧跑进，用上挑式将棒传出；第二棒运动员左手接棒，沿跑道外侧跑进，用下压式将棒传出；第三棒运动员右手接棒，沿跑道内侧跑进，用上挑式将棒传到第四棒运动员的手中。

（3）传接棒的时机

在 20 米接力区和 10 米预跑区的 30 米内，传接双方都能发挥出接近自己最高跑速时，为传接棒的良好时机。一般把这一时机设计在离接力区末端 3～4.5 米处。此时，传棒运动员仍处于高速跑进之中，而接棒运动员也能加速到一定的水平。

（4）传接棒时的获益距离

一般当传棒人距接棒人 2～1.5 米时，即发出接棒口令，随即接棒人迅速后伸手臂接棒。传接双方在高速跑进中顺利完成传接动作瞬间身体重心相距的最大水平距离，习惯上称为获益距离。如果每一接力区能产生 1.5 米左右的获益距离，那么全程将有 4.5 米甚至更多的获益距离，这对提高 4×100 米接力跑的成绩有重要意义。获益距离取决于运动员的身高、臂长、手臂的伸展程度以及传接棒技术的熟练程度。

（5）接棒人起跑标志的确定

起跑标志的作用是当传棒人跑到此标志时接棒人开始起跑。此标志离接棒人起跑处的距离是根据传接双方的跑速以及传接棒技术的熟练程度等因素来确定的。其计算方法有多种，下面介绍比较简单的一种：

标志距离＝ V × T －（D － D1）

V：传棒人最后 30 米的平均速度；

T：接棒人从起跑至接棒点所用时间；

D：接棒人从起跑至接棒点所跑距离；

D1：获益距离，一般设计为 1.5 米。

以上计算尚属粗略，要在反复调整中才能最后确定。其中，根据接棒人起跑加速的能力确定 D 是很重要的一环。

（6）接力队员的棒次安排

4×100 米接力跑的成绩主要取决于各棒运动员的短跑速度和传接棒技术。一般第一棒应选择起跑好并善跑弯道的选手；第二棒应是传接棒技术熟练且专项耐力较好的运动员；第三棒除应具备第二棒的长处外，还要善跑弯道；第四棒通常是短跑成绩最好、冲刺能力最强的运动员。

2. 4×400 米接力跑技术

4×400 米接力跑的传接棒技术相对简单，但由于传棒人最后跑速已不快，所以，接棒人应慢速跑进，目视传棒人，顺其跑速接棒，然后再快速跑出。

第一棒采用蹲踞式起跑，持棒方法同 4×100 米接力第一棒。第二棒采用站立式起跑,通常站在接力区后沿的前面,头部转向后方,眼盯同队的传棒队员。如果传棒人最后仍有一定的速度,那么接棒人可以早些起跑;如果已较缓慢,则应晚些起跑;如果已筋疲力尽,则要主动接棒,并力争早些完成传接棒动作。第三、四棒的接棒方法基本同第二棒,只是要注意服从裁判安排,并注意在不影响其他队员跑进的情况下从两侧退出跑道。

4×400米接力跑各棒次运动员的安排原则如下:

①第一棒安排技术良好、实力较强的选手,力争在第一个400米成为领先者,这样有利于第二棒运动员水平的充分发挥,同时能对全队士气起到鼓舞作用。

②第四棒应是全队实力最强的选手,接力跑的胜负有时会突出地表现在最后一棒运动员的竞争上。

③按运动员实力及竞技状态排序,一般为乙—丙—丁—甲。

**(二)练习方法**

1. 学习传、接棒技术

持棒原地摆臂,做上挑式和下压式传棒练习;徒手做摆臂动作,眼看后方做上挑式和下压式接棒练习;两人一组相互配合做传、接棒练习。

2. 学习在接力区内完成传、接棒技术

学习接棒人的站立式和半蹲踞式起跑;两人一组在接力区内完成传、接棒练习;两人一组在跑动中完成传、接棒练习。

3. 掌握全程接力跑技术

4×50米接力跑练习或竞赛;4×100米接力跑练习或竞赛。要求保持合适的传、接棒距离。

4. 学习4×400米接力跑的传、接棒技术

两人一组练习传、接棒配合;多人连续进行100～200米接力跑练习。要求接棒人以慢速起跑,接棒后加快跑速。

## 第二节　跳跃、投掷基本技术

### 一、田径跳跃的基本技术

跳跃是指人体运用自身能力、通过一定的运动形式,腾跃最大的高度或远度。它包括跳远、三级跳远和跳高等。

**（一）跳远**

1. 跳远技术

（1）助跑

跳远的助跑是为了获得最快的水平速度和准确地踏上起跳板，并为迅速有力的起跳创造条件。助跑为 18～24 步，距离是 35～45 米，因人而异，男子比女子稍长一些，初学者为 25 米左右也可以，总之根据个人的情况和风向的变化适当加以调整。

①助跑的开始。可采用站立式、半蹲式和走步式起动的方式，初学者大多采用站立式开始助跑。

②助跑的加速方式。助跑的加速方式一是积极加速，二是逐渐加速。逐渐加速比较自然、放松，容易掌握。其方法是助跑一开始，后蹬就要积极、有力，髋关节积极前移，随跑速加快上体逐渐抬起。助跑时肩关节要放松，跑的节奏要明显，步子要轻松自然、富有弹性。

助跑最后几步（4～6 步）比较关键，是起跳的前奏。助跑的节奏有变化，最明显的是倒数第二步的步幅稍长，重心降低，最后一步比倒数第二步稍短，身体重心高而进入起跳。

③助跑步点的丈量与确定。丈量步点可先在跑道上做 30 米左右的加速跑，经反复练习，固定距离后移到跳远助跑道上。反复跑测定从起跳板到起跑点，再从起跑点到起跳板，用同样的速度和节奏反复测定，直到量准。

在确定助跑步点时，一般采用两个标记。第一标记是起跑点，第二标记设在离起跳板 6～8 步的地方。第二标记的作用是检查助跑是否准确。

（2）起跳

起跳应在尽量保持水平速度的情况下获得最大的垂直速度，从而得到最快的腾空初速度和合理的腾起角度。

助跑最后一步摆动腿落地支撑起跳腿大腿向起跳板下压着板时，就开始做起跳动作。此时起跳腿积极下压，以全脚掌踏板。经过快速支撑缓冲后，迅速过渡到前脚掌，踏板时要快速有力地攻板，上板后身体重心继续积极前移，当身体重心移至起跳腿支点的垂直部位时，摆动腿积极折叠带髋迅速前摆，起跳腿迅速全力蹬伸，使髋、膝、踝三个关节充分伸直，摆动带髋前摆至水平位置时，两臂应配合腿的动作，迅速有力地摆动。起跳腿的同侧臂屈肘向前摆起，摆动腿的同侧臂屈肘向侧摆起，当双臂肘关节摆至肩部应停止摆动。这时上体正直，头、肩、髋关节基本与地面垂直，眼平视前方，即完成起跳动作，如图 2-1 所示。

（3）腾空

腾空后起跳腿自然放松，膝关节稍屈，留在身体后面，摆动腿的大腿保持高抬，小腿放松保持在体前不动。上体正直稳定，成腾空的姿势（见图2-2），空中姿势一般有蹲踞式、挺身式和走步式三种。

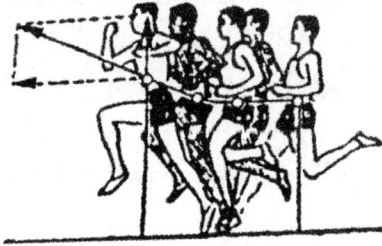 

图 2-1　起跳　　　　　　　　　图 2-2　腾空

下面介绍蹲踞式、挺身式、走步式三种姿势。

①蹲踞式。起跳成腾空姿势后，上体仍保持正直，摆动腿的大腿继续高抬，两臂向前挥摆，起跳腿开始向前上方提举，逐渐与摆动腿靠拢，空中形成蹲踞式的姿势，随后两腿上收，上体前倾，将要落地时，两臂由前向下、向后摆动，同时前伸小腿落地，如图2-3所示。

图 2-3　蹲踞式空中姿势

②挺身式。起跳后，摆动腿积极下压，小腿向前、向下、向后弧形摆动，起跳腿逐渐与摆动腿靠拢，两臂向下、侧、后上绕环，继而展髋，挺胸展腹，在空中形成挺身式的动作，接着向前收腹举大腿，两臂从上向前、下后摆动，上体前倾，前伸小腿落地，如图2-4所示。

图 2-4　挺身式空中姿势

③走步式。腾空后，以髋为轴开始下放摆动腿，同时，起跳腿屈膝高抬，髋部随着两腿交换而扭转，肩轴向反方向转动，带动两臂做相应的环摆动作，在空中完成一个自然的换步动作，形成起跳腿在前、摆动腿在后的"跨步"姿势，随后摆动腿迅速屈膝前摆，向起跳腿靠拢，并向前伸出小腿，两臂摆至体前，上体前倾准备落地，完成两步半的走步动作，如图 2-5 所示。

**图 2-5 走步式空中姿势**

走步式跳远能把助跑、起跳空中动作自然地衔接起来，利于发挥助跑速度和快速有力地起跳，增强踏跳的效果。在空中有换步和两臂的"环摆"动作，有利于维持身体平衡，更有利于落地动作的完成，但要有一定的腾空高度和较长的腾空时间，才能完成比较复杂的走步式动作。

（4）落地

落地前，上体不要过于前倾，大腿要向前提举，小腿前伸，准备落地。落地时，膝关节伸直，脚尖勾起，两臂同时后摆，脚接触沙面时，两腿迅速屈膝，髋部前移，两臂屈肘前摆，使身体迅速移过支撑点。落地可以采用前倒落地与侧倒落地两种姿势。

前倒落地法：脚跟落地后，前脚掌下压，屈膝向前跪，上体在两臂前摆的同时，迅速移过支撑点，身体向前倒下。

侧倒落地法：脚跟落地后，一条腿紧张支撑，另一腿放松，身体迅速向放松腿的一侧倒下。落地时，要使两腿抬高并尽量向前伸出小腿。

2. 跳远的练习方法

（1）学习助跑和起跳结合的技术

①原地模仿练习起跳。起跳腿在后，摆动腿在前，做腾空起跳的动作。

②做三步结合起跳的练习。

③学习起跳后的腾空动作，助跑 4～6 步起跳后成腾空姿势，然后用摆动腿下落沙坑，继续向前跑出，体会短程助跑结合起跳的技术。要求起跳后尽量延长腾空的时间。

④助跑 12～14 步练习起跳，体会中距离跑和起跳相结合的技术，开始助跑的方式固定，助跑时要求做到快、准、稳、直、松。起跳时要求做到蹬（蹬地充分）、摆（摆腿和摆臂积极用力）、挺胸、拔腰、顶头。

⑤全程助跑的练习。

（2）学习腾空与落地技术

①蹲踞式的腾空与落地。

助跑4～6步起跳成腾空姿势后，将起跳腿向前提举与摆动腿靠拢，收腹，两脚落地，两腿尽量前伸、落地。

中程、全程距离助跑蹲踞式跳远练习。

②挺身式跳远的腾空姿势和落地动作。

原地模仿挺身式跳远的练习。起跳腿支撑站立，摆动腿屈膝抬起，随即放下并向后摆，髋部前送，两臂配合摆动由下向上，体会放腿和伸髋的展体动作。

助跑4～6步起跳成腾空姿势后，摆动腿放下并向后摆，挺胸展体成挺身式，然后收腹举腿两脚落坑。

中程、全程助跑挺身式跳远练习。要求髋部前移，胸腰稍前挺，落地时完成收腹、举大腿、送髋、伸小腿、移重心的动作。

（3）掌握走步式空中动作

原地或行进间的走步式模式练习，此练习大致与挺身式模仿练习相同，只是在放下摆动腿时，起跳腿屈膝前摆，使两腿成一前一后的"跨步"姿势。

短中距离助跑的完整练习，强调换步后的"跨步"姿势。

全程助跑的跳远练习。改进和提高助跑起跳的技术。针对每个人技术上存在的问题，采用适当方法进行改进。

3. 易犯错误和纠正方法

（1）助跑步点不准确

产生原因：助跑开始姿势不固定，标记不合适。助跑技术不正确，节奏不稳定。受气候、场地和心理因素影响。

纠正方法：固定助跑的开始姿势。多做助跑练习，掌握好助跑的节奏，提高自我控制的能力。利用不同的气候条件和场地练习助跑。

（2）助跑最后几步减速

产生原因：助跑前段速度太快或助跑距离过长。

纠正方法：适当减慢前段的助跑速度，加快最后几步的助跑速度，进一步确定适合个人特点的助跑距离。

（3）起跳腿蹬不直

产生原因：起跳腿力量差，蹬地不充分，髋部没有积极前送。

纠正方法：2～4步助跑起跳，用手或头触高物。加强起跳腿的力量练习。

多做送髋练习。

（4）腾空挺身时，上体过度后屈

产生原因：头部后仰，上体过于紧张，胸部过于前挺。

纠正方法：短程助跑起跳，腾空后头部保持正直，下放摆动腿动作与挺身动作同时进行，胸部自然挺出，上体稍向后仰形成"挺身"姿势。支撑在器械上，模仿"挺身式"动作。

（5）落地时没有向前伸小腿

产生原因：腾空时上体过于前倾。腰腹肌力量差，柔韧性差。

纠正方法：做短助跑起跳，腾空后上体不要过多或过早地前倾。注意及时收腹举大腿、前伸小腿。悬垂在单杠上做收腹举大腿伸小腿的模仿练习。

### （二）三级跳远

三级跳远是在助跑后沿直线连续进行三次跳跃的一项运动。它要求运动员有快速的助跑速度、良好的弹跳力和腿部力量。

三级跳远的第一跳由起跳腿起跳，并用起跳腿落地，称为"单足跳"；第二跳仍用起跳腿起跳，但用摆动腿落地，称为"跨步跳"；第三跳用摆动腿起跳，然后双腿落入沙坑，称为"跳跃"。

三级跳远的成绩取决于由助跑获得水平速度和起跳产生的垂直速度，以及每一跳的动作质量、身体平衡能力和三跳比例等。尽量减少三级跳远过程中水平速度的损失，并获得合理的垂直速度，是三级跳远的关键技术。

1. 三级跳远技术

（1）助跑

三级跳远的助跑步数一般是 18 ～ 20 步，距离为 38 ～ 40 米。它与跳远助跑的不同之处包括：最后几步助跑步长更加均匀；身体的前倾度比跳远较大些；起跳脚踏板的瞬间落地点较靠近身体重心投影点。

（2）第一跳（单足跳）

三级跳远的第一跳是用有力腿做起跳腿，起跳后在空中经过交换腿的动作，再用它落地，第一跳结束。

由于完成第一跳以后还要继续进行第二跳和第三跳，所以应尽量保持水平速度，因此，当起跳腿以直腿踩上起跳板时，脚的落点要比跳远更加接近身体重心投影点，随即以全脚掌迅速滚动着地。这时上体稍微前倾，与地面成 80° ～ 85° 角。起跳腿着地后，重心迅速前移，起跳腿膝关节稍稍放松，以便使身体更快地进入缓冲阶段。这时摆动腿大小腿折叠，快速屈腿前摆（摆动的方向比跳远更偏于身体的前下方），帮助髋部迅速前移。然后积极而快速地蹬直髋、膝、踝各关节。与此同时，两臂有力地配合上述动作向前摆出，以维持身体平衡和增加起跳力量。第一跳的蹬地角为 60° 左右，这样有利于身体重心沿着长而平的轨迹腾起，如图 2-6 所示。起跳腾空后，有一个短暂的腾空时间，然后在腾空阶段约 1/2 的距离做交换腿的动作。交换腿时要顺势连续完成。换腿时，上体要保持正直或微向前倾。起跳腿从身体后下方屈腿并带动同侧髋部向上方提摆，而摆动腿自然地向后下方做剪绞动作。两臂配合腿的动作从体前向后下方摆动。当起跳腿前摆与地面接近平行时，后摆的两臂和在身体后下方的摆动腿也达到最大的幅度，借助这一大幅度的反弹作用，开始做扒地式的落地动作。起跳腿大腿带动髋部积极下压并用全脚掌加速着地，落地点尽量接近身体重心投影点。

图 2-6　第一跳

起跳腿落地后，身体重心很快前移到支撑点的垂直部位，上体恢复正直姿势。向前摆动着的两臂和摆动腿快速接近身体位置，有利于完成快速的起跳动作。

（3）第二跳（跨步跳）

第二跳起跳时，上体稍前倾，起跳脚离地后，形成一个腾空姿势，动作要充分展开，不要急于下放摆动腿，要尽量加长腾空时间。在落地之前，要有一个顺势高抬大腿的动作，起跳腿弯曲，继续留在身体后下方。当身体到达腾空抛物线 2/3 时，开始落地和准备第三次起跳动作。落地前上体为了维持身体平衡，有意识地进行补偿性的向前微倾，两臂同时由体前成弧形向下、后侧的方向摆动，在即将落地的刹那，两臂已摆到身体的侧后方。摆动腿这时借反弹的回摆，开始做积极的扒地动作，随着摆动腿下压，前倾着的上体也逐渐稳定抬起，直至全脚掌着地，上体完全恢复到垂直姿势。第二跳的落地动作及着地位置和方法，与第一跳极为相似，如图 2-7 所示。

**图 2-7 第二跳**

（4）第三跳（跳跃）

经过前两次的跳跃，水平速度已经下降许多。因此，第三跳要充分利用剩余的水平速度，并尽量增大向上起跳力量，以获得一个较大的腾空速度，争取第三跳取得好的成绩。

第二跳落地后，支撑腿经过短暂的缓冲，迅速蹬伸髋、膝、踝各个关节，另一腿则屈膝向前上方摆起，两臂同时配合腿的动作上摆。起跳腾空后，仍保持腾空的姿势、腾空动作和跳远一样，可采用蹲踞式、挺身式或走步式落入沙坑，如图 2-8 所示。

**图 2-8 第三跳**

（5）三级跳远的节奏——三跳比例

在运动实践中，虽然有各种各样的三跳远度的比例关系，但对初学者来说，第一跳不宜强调过高过远。三级跳远的技术演变表明，现代三级跳远技术的发展趋势是适当减小第一跳、加大第三跳的远度，其实质是更好地利用助跑速度，减小前两跳中的制动作用，以获得快而连贯的跳跃动作和又高又远的第三跳。

三级跳远中三跳应有鲜明的节奏。节奏是指动作时间和空间的比例关系。动作时间不合适，就会破坏动作节奏，如单足跳中交换腿动作的早晚，"扒地式"落地动作时间的长短，以及各跳中上、下肢动作配合不及时等。三级跳远三跳的正确节奏应是比较均匀地嗒—嗒—嗒。

2. 三级跳远练习方法

（1）学习第一跳和第二跳结合的技术

①连续做跨步跳练习。

②用 4～6 步助跑，连续做多次跨步跳，注意腿的正确落地及两臂的配合动作。

③做行进间单足跳和跨步跳练习。

（2）学习和掌握起跳技术（重点是第二、三跳）

①原地模仿扒地动作：一手扶肋木侧向站立，远离肋木的腿屈膝向前上方摆，当大腿摆至与地面平行时，大腿带动小腿积极下压并用全脚掌在身前 30 厘米处扒地。

②在场地上连续做跨步跳练习，要求蹬地后身体充分向前，用两臂摆动，摆动腿前摆时幅度要大，落地时扒地要积极，各跳间的衔接要紧密。

③从 20～30 厘米高处（如跳箱盖上）向下跨，做扒地式起跳动作，以另一腿摆动落入沙坑。

（3）学习第二跳和第三跳空中动作，以及两跳结合的技术

①4～6 步助跑起跳跨入沙坑，以摆动腿着地后继续向前跑进。要求起跳后腾空时间要长，在空中要保持跨步姿势，注意维持身体平衡。

②4～6 步助跑完成跨步跳以后，用摆动腿落地并接着起跳，要求动作紧密衔接，最后两脚落入沙坑。

③短距离助跑三级跳远，在第二跳的落地处放一个纵跳箱（跳箱高 40 厘米左右），要求第二跳用积极有力的扒地动作踏上跳箱。

④短距离助跑三级跳远，单足跳后在跨步跳中越过实心球，然后在第三跳中越过低高度的横杆，最后两脚落入沙坑。要求第一跳"平"，第二跳"远"，第三跳"高"，三跳动作要连贯。

⑤短距离助跑三级跳远，按标志进行跨步跳和跳跃练习，着重掌握第二跳和第三跳结合的技术。

（4）掌握和提高三级跳远技术

①短中距离助跑完整三级跳远技术练习。

②全程助跑完整三级跳远技术练习。

3. 易犯错误及纠正方法

（1）助跑节奏紊乱

纠正方法：反复做跑的练习，掌握跑的技术；做直道上跨栏跑练习，掌握

跑的节奏；学会自然放松跑，跑时肩、颈部肌肉要放松。

（2）落地不积极

纠正方法：反复做"扒地式"落地的技术练习。

（3）第一跳交换腿过早

纠正方法：在踏跳板或低器械上起跳，要求较晚地做交换腿的动作，然后落地；在第一跳长度 1/3 和 2/3 处各放置一实心球作为标志，要求在腾空后，过第一个实心球时向下放摆动腿，同时要求起跳腿跨过第二个实心球落地，继续跳跃。

（4）第二跳跳不起来，高度不够，步长不足

纠正方法：加强腿部力量的练习；改进第一跳的技术，限制第一跳远度，可在第一跳落地点画出标志，要求踏上标志处起跳；短距离助跑三级跳远，在第二跳 1/2 处放置器械，要求跨越器械后，继续跳跃。

（5）第三跳节奏不好

纠正方法：改进第二跳技术，调整各跳长度；注意空中动作，维持空中的平衡。

**（三）跳高**

跳高由助跑、起跳、过杆和落地四部分组成。过杆姿势有跨越式、滚式、俯卧式和背越式等。目前普遍采用跨越式（普及型）和背越式（提高型），下面介绍这两种跳高技术。

1. 助跑

（1）跨越式助跑

从摆动腿一侧开始直线助跑，角度为 30°～60°，助跑距离为 8～12 步。跑的速度逐渐加快，步长逐渐增加，身体重心平稳，稍下降，用脚跟先着地迅速滚动到前脚掌。踏跳前的倒数第二步要大，最后一步速度要快。

（2）背越式助跑

近似普通跑，跑的过程中身体重心平稳，步幅开阔，后蹬充分富有弹性，进入弧线段跑时，身体逐渐向内倾斜，两臂动作与普通弯道跑姿势相同，头、躯干与支撑脚应力求在力的作用线上。为了使助跑整个过程的速度不断提高，助跑最后 3～4 步应加快节奏。在跑至助跑的倒数第二步时，虽然准备转为起跳，跑的动作却无明显的结构变化，但摆动腿更积极下压，在保持身体内倾的情况下，使身体重心迅速移过支撑点，此时身体的内倾达到最大程度。

2. 起跳

（1）跨越式起跳

助跑最后一步用摆动腿支撑时，积极做跪膝送髋动作。起跳腿沿地面向前迈伸，以脚跟迅速滚动至前脚掌着地，同时摆动腿向前上摆出，起跳腿快速蹬伸，两臂配合两腿由体侧后方向前上方用力上摆、提肩。起跳点距横杆距离为一脚半至两脚半。

（2）背越式起跳

在起跳脚着地时，身体仍呈内倾状态，自然柔和地由脚跟外侧过渡到全脚掌着地，人体的惯性迫使起跳腿弯曲，同时身体由内倾开始转为垂直，当起跳腿蹬伸结束时，整个身体几乎与地面垂直。摆动腿以髋带动大腿屈膝向后上方带摆。在起跳过程中，两臂的摆动应与腿的摆动、起跳腿的蹬伸、髋的伸展、肩的上提同步协调配合。

①技术要点：脚跟着地到全掌—屈膝后上摆转—提肩拔腰蹬伸。

②技术难点：提肩拔腰垂直向上蹬伸。

3. 过杆和落地

（1）跨越式

起跳腾起后，摆动腿过杆内转，起跳腿屈膝上抬，上体稍前倾。摆动腿过杆后，上体下压侧转，使骨盆越过横杆。摆动腿着地并屈膝缓冲。

（2）背越式

当起跳腿蹬离地面完成起跳时，身体应保持伸展的姿势向上腾起，起跳时摆动腿的摆动作用使髋部围绕身体纵轴旋转，身体开始转向背对横杆，当肩超过横杆时，适时地仰头、倒肩，利用身体重心向上的速度，使髋超过两膝和双肩，身体成拱形依次越过横杆，待髋部移过杆后，及时含胸收腹以髋发力带动大腿向上甩小腿，使整个身体摆脱横杆。保持适宜的屈髋姿势下落，以背部落于海绵垫上。

①技术要点：背对横杆—倒肩展髋—收腹举腿—背部着垫。

②技术难点：倒肩展髋和收腹举腿的配合。

## 二、田径投掷的基本技术

投掷是指人体运用一定的运动方式，用最大的力量将器械投出最远的距离。投掷的项目有推铅球、掷标枪、掷铁饼和掷链球四项。

投掷项目的完整技术一般由持握器械、移动器械、最后用力和维持身体平衡四个部分组成。下面介绍推铅球和掷标枪技术。

### （一）推铅球

1. 背向滑步推铅球技术

（1）握球和持球

握球时五指自然分开，手腕背屈。把球放在食指、中指和无名指指根处，大、小拇指自然地扶在球的两侧，握球要稳。握好球后把球放在肩上锁骨窝处，贴着颈部，手稍外转，掌心向前，右臂屈肘。握球和持球的方法，要根据个人的情况在实践中调整确定，如图2-9所示。

握球技术                    持球技术

**图2-9 握球和持球技术**

（2）预备姿势

背向滑步推铅球的预备姿势有高姿势和低姿势两种。

①高姿势。持球后，背对投掷方向，两脚前后开立，右脚在前，脚尖贴近投掷圈后沿，体重落在右腿上，左脚稍后，放松而自然弯曲，脚尖点地，距右脚15～20厘米。上体正直放松，持球臂肘低于肩，左臂自然上举微屈，形成左肩高、右肩低的姿势。两眼注视前方5米左右。

②低姿势。持球后，背对投掷方向，两脚前后开立，右脚在前，脚尖贴近投掷圈后沿，左脚在后，前脚掌或脚尖着地，与右脚相距50～60厘米。上体屈，左臂自然下垂并稍向内，重心落在右腿上，两眼看前下方。

（3）滑步

滑步的目的是使器械获得一定的速度，并为最后用力创造良好的条件。

①背向滑步技术。

背向滑步前先做一两次预摆（根据个人的情况，有的不做预摆），预摆时左脚离地，左腿向后上方摆出，上体自然前俯，左臂自然前伸，然后左腿回收，同时弯曲右腿，上体前俯，当左膝回收靠近右膝时，身体重心略向后移，右腿用力蹬伸，右腿向抵趾板中间偏右方摆出。

右腿蹬离地面的方法有两种：一是右腿蹬直，以脚跟蹬离地面。这种方法对两腿的力量要求较高，蹬地力量大，效果比较好。二是右腿不完全蹬直，用前脚掌蹬离地面。这种方法较为省力、简单，初学者可以采用。

由于右腿的蹬伸和左腿的后摆，使身体向投掷方向移动，这时迅速收回右腿，右前脚掌在圆心处着地，与投掷方向成90°～130°角，右脚、右膝和右髋要向投掷方向转动，右脚落地，左脚内侧支撑稍向外转，落地在抵趾板中线靠右处，两脚几乎同时落地。

滑步结束时，上体前倾，左肩向右扣成扭转，重心落在右腿上。铅球的投影点在右脚掌外侧。

②侧向滑步技术。

滑步前预摆一两次（也可以不预摆），预摆的方法是左膝微屈，大腿用力向投掷方向摆动，上体向右倾，当身体平衡后，左腿回摆靠近右腿。接着左大腿用力向投掷方向摆出，同时右腿用力蹬伸。当右腿蹬直后，迅速将小腿向投掷方向收拉，脚尖稍向内转动，并用前脚掌落在圆心附近。在收腿过程中，左腿积极下落，以前脚掌内侧落在中线稍偏左处，形成推球前的动作。

（4）最后用力和维持身体平衡

最后用力是推铅球的主要环节，当滑步结束时，左脚着地的一刹那开始最后用力，在拉收右小腿的过程中，右膝和右脚向投掷方向转动，右脚着地后还要不停地蹬转，并推动右髋向投掷方向转动。由于右脚的蹬转，重心开始向左腿移动，上体迅速向投掷方向抬起，加快铅球的运行速度。此时身体和头转到几乎面对投掷方向，上体向右侧倾斜，左肩高于右肩，右腿继续蹬转，头和胸部快速转向投掷方向，重心移至左腿。迫使左腿微屈压紧支撑，并不停蹬伸支撑，快速将球推出，球从手指外翻拨出，如图2-10所示。

图2-10　最后用力和维持身体平衡技术

2. 推铅球的练习方法

（1）学习原地推铅球的技术

①原地徒手做最后用力模仿练习，也可持轻重量实心球练习。

②正面轻推铅球练习，体会下肢协调用力，结合上肢推球的动作，两脚平开与肩宽。

③侧向原地推铅球练习，左侧正对投掷方向。

④原地背向推铅球练习。

（2）学习滑步推铅球

①圈外徒手滑步。

第一，摆动腿摆动练习，这个练习可拉住同伴的手或肋木进行，两脚前后开立，成预备姿势，摆动腿后摆，带动身体向投掷方向移动。

第二，在摆动腿摆动的同时，右腿做蹬伸练习，注意蹬摆结合。

第三，收拉右小腿，蹬摆结束，迅速收拉右小腿，形成最后用力姿势。

第四，徒手连续滑步，要求动作协调。

②持球滑步。

持球滑步从预备姿势开始做预摆和团身。

③滑步推铅球和最后用力结合，反复练习。

（3）完整技术练习

在练习中既要注意动作的连贯，又要注意技术的细节。

3. 易犯错误和纠正方法

（1）滑步后身体重心不在右脚上，而是位于两脚之间

产生原因：滑步时上体参与用力，没有保持适当前倾。右腿蹬地后收拉小腿不及时。

纠正方法：同伴拉住练习者的左手，做滑步练习。多做各种滑步练习。

（2）推铅球时左肩后撤或上体左倾

产生原因：左髋前送不充分。上体向前不够，左臂摆动路线不对。

纠正方法：推铅球时同伴在练习者左后方一手顶其左肩，另一手推其右臀部。徒手做推铅球模仿练习，注意调整左手的摆动路线。

（3）球的出手角度过低

产生原因：左腿支撑无力，推铅球时低头。

纠正方法：徒手模仿，要求练习者的推球手触到头前上方的标志。左脚踏稍高处推球，在体重移向左腿后，左腿蹬直。推球时抬头挺胸，将球推过一定

高度的横杆。加强腿部力量练习。

（4）滑步后动作停顿

产生原因：左脚落地不积极，右腿不能迅速蹬转送髋，腿部力量差。

纠正方法：练习者直立后上体前俯，同时右腿弯曲，左脚后撤一步，左脚着地时右腿立即蹬转送髋。锻炼下肢力量。

（5）推球时只用手臂力量，不能充分发挥下肢和腰背肌的力量

产生原因：用力顺序不明确，身体各部分动作不协调。最后用力前的动作不正确。想很快地做推球动作，造成投掷臂过早用力。

纠正方法：明确用力顺序。做分解练习，保证在最后用力前姿势正确。同伴在练习者前面用左手握住其右手，让其先蹬地转髋再抬起身体做推球动作，防止过早用手臂推球。

**（二）掷标枪**

1. 握枪与持枪方法（以右手为例）

（1）握枪方法

目前广泛采用的是现代式握法（即拇指和中指握法），其方法是将标枪斜放在掌心上，大拇指和中指握在枪的缠绳把手末端上沿，食指自然弯曲斜握在枪杆上，无名指和小指自然握在缠绳把手上。

（2）持枪方法

现在一般采用肩上持枪法，即持枪于右肩上方，稍高于头，枪尖稍低于枪尾。此外，还有持枪于右肩上方的耳旁，枪身与地面平行和持枪于头的右侧，枪尖稍向上等持枪方法。

2. 助跑

（1）预跑

从第一标志线到第二标志线的 15～20 米是预跑段，一般跑 8～12 步。

（2）投掷步

投掷步由第二标志线到起掷弧线，是助跑的第二阶段。投掷步的步数一般为 5 步，从左脚踏上第二标志线后，第一步右脚前迈开始，此时也开始引枪，第二步迈左脚，继续引枪，并在第二步落地时完成引枪动作。第三步是交叉步，也是标枪助跑的关键，其技术要领如下：右腿摆，左腿蹬，髋轴肩轴大交叉，躯干与右腿成直线，标枪肩轴两平行。第四步是助跑到最后有力的衔接步。第五步是缓冲步。

3. 最后用力

（1）动作要领

投掷步的第三步右脚着地后，左脚尚未落地之前就开始最后用力。当左脚着地做强有力的制动和支撑时，上体加速向前运动，右腿积极蹬伸送髋，同时髋部牵引肩轴向投掷方向转动，以大臂带小臂向上翻腕，形成"满弓"姿势，在右腿蹬送左腿支撑和胸部快速向前移动时，带动投掷臂"鞭打"，出枪并甩腕，使标枪从右肩上方沿着 30° 左右角向前飞出。

（2）技术要点

蹬地—转髋—挺胸—支撑—鞭打—甩腕。

（3）技术难点

挺胸与左侧支撑的配合。

4. 缓冲

标枪出手后，随着向前的惯性，身体会继续向前运动，这时右脚应及时向前跨一步（即投掷步或第五步），身体稍向左转，并降低重心，保持平衡。缓冲距离一般在 2 米左右。

# 第三章　足球运动

## 第一节　足球运动基本技术

足球技术，是指足球运动员在训练、比赛中所采取的合理动作的总称。它由特定的动作结构组成，是贯穿整个足球活动的一种基本运动方式。足球技术由技术动作和技术能力两方面组成。技术动作是指运动员在完成某一技术时，所采用的动作方法；技术能力是指运动员在训练和比赛活动中运用技术的准确、合理以及娴熟的程度。技术动作是技术能力的前提，只有掌握了技术动作，才能使技术运用达到全面、准确、快速、合理、娴熟的程度。足球技术可分为无球技术和有球技术两大类。

### 一、无球技术

无球技术是足球技术的重要组成部分。它包括起动、跑、急停、转身和身体假动作。

#### （一）起动

足球比赛中的起动动作是多种多样的，有的在静止中，有的在慢跑中，有的在跳起落地后，有的在倒地爬起过程中，有的在转身过程中，有的在后退过程中，在很多情况下是与各个技术动作紧密联系在一起的，并在一定程度上影响着技术动作完成的质量。因此，不论在什么情况下起动都必须在最短的时间内发挥最快的速度，为完成各项有球技术动作赢得时间优势。在比赛中，运动员突然快速的起动是在短时间内超越对手或盯住对手，占据有利空间位置的有效手段。

#### （二）跑

速度已成为现代足球运动的特点之一，而快速的跑动则是"足球速度"的重要组成部分。在全面型的足球比赛中，队员随着球的移动及场上的情况变化而在高速活动着。如进攻队员的运球突破、摆脱接应、拉出空当、占领空位及包抄射门等，防守队员的紧逼盯人、相互补位、堵截争抢及获得封闭射门角度都需要快速的跑动来完成。

由于足球比赛中进攻与防守在时刻变化，所以要求队员的跑动速度、路线、动作也要随之变化。如慢跑、快跑、直线跑、曲线跑、折线跑以及在特殊情况下的侧身跑、插肩跑、后退跑等。

### （三）急停和转身

比赛中进攻和防守不断变换，球的位置也时刻变化。为了甩掉对手或不被对手甩掉，需要队员有时在高速奔跑中突然停止跑动及突然停止跑动后立即转身，或原地转身改变移动方向。如正面急停、转身急停、前转身、后转身等。

### （四）身体假动作

在比赛中，为了摆脱对手的紧逼或者为了把对手控制的球夺过来，常用快速而逼真的身体虚晃动作，使对手产生错误的判断，做出错误的行动或动作，从而达到自己的预定目的。

假动作做得逼真，会使对手产生相应的反应。当对手做出相应的反应时，由假变真的动作必须做得突然，才能达到预期的效果。因此在快速的虚晃中自如地控制自己身体重心的移动，是顺利完成假动作的关键因素。

## 二、有球技术

### （一）踢球的基本技术

#### 1. 脚内侧踢球

这是用脚内侧部位击球的一种踢球方法。其特点是：由于脚与球接触面积大，所以传球比较平稳、准确；但由于踢球时脚踝关节、膝关节、髋关节需外展加之屈膝，使摆动幅度和摆动速度受到限制，所以击球力量较小。脚内侧踢球主要用于短、中距离的传球，近距离的射门及罚点球等。踢定位球时，沿正面直线助跑，最后一步稍大，支撑脚踏在球的侧方 10～15 厘米处，膝关节微屈，在支撑脚着地的同时踢球，腿以髋关节为轴由后向前摆动，在前摆的过程中屈膝外展，踢球脚的内侧正对击球方向。脚尖稍翘起，脚底与地面平行，小腿加速前摆，踝关节紧张用力，用脚内侧部位击球的后中部（见图 3-1）。

**图 3-1　脚内侧踢球**

2. 脚背内侧踢球

这是用脚背内侧部位击球的一种踢球方法。其特点是：由于踢球腿的摆幅大，所以摆速较快，踢球的力量较大，击球的方向变化幅度较大。主要用于踢定位球、过顶球、中长传以及转身踢球和各种距离的射门。踢定位球时，斜线助跑。助跑方向与击球方向约成 45°角，支撑脚踢在球的侧方 20～25 厘米处，屈膝，脚尖指向击球方向，身体稍向支撑脚一侧倾斜，支撑脚一侧肩部侧对击球方向。支撑脚着地的同时，踢球脚以髋关节为轴，大腿带动小腿由后向前摆，当膝盖摆至接近球的内侧正上方的刹那，小腿加速前摆，脚尖稍外展（指向斜下方），膝盖稍内旋，脚趾扣紧，以脚背内侧击球的后中部，踢球腿踢球后随球前摆。

3. 脚背正面踢球

这是用脚背的正面部位击球的一种踢球方法。其特点是：踢球腿的摆幅大、摆速快、踢球力量大，但击球的方向比较单一。主要用于踢定位球、空中球、反弹球、倒勾球等。踢地滚球时，直线助跑，最后一步稍大并积极着地，支撑脚站在球的侧方约 10 厘米处，脚尖正对击球方向，膝关节微屈；摆动腿要在准备做支撑的脚前跨和助跑的最后一步蹬离地面时，顺势向后摆起，小腿屈曲。在支撑脚着地的同时，以髋关节为轴，大腿带动小腿由后向前摆，当膝关节摆至接近球的正上方的刹那，小腿做爆发式前摆，以髋关节为轴，大腿带动小腿由后向前摆，脚背绷直，脚趾扣紧，以脚背正面击球的后中部，踢球腿提膝随球继续前摆。

脚背正面踢反弹球时应准确判断球的落点；当球将要落地时，快速前摆小腿；在球刚反弹离地时，以脚背正面击球的后中部。

4. 脚背外侧踢球

这是用脚背外侧部位击球的一种踢球方法。其特点是：由于踢球腿的摆幅大，所以摆速较快，踢球的力量较大，击球的方向变化幅度较大。主要用于踢定位球、过顶球、中长传以及转身踢球和各种距离的射门。踢定位球时，正面直线助跑，最后一步稍大，支撑脚迅速地以脚跟着地，踏在球的侧后方 10～15 厘米处，膝关节微屈，脚尖正对击球方向，以髋关节为轴，大腿带动小腿由后向前摆，当膝盖摆至接近球的垂直正上方的刹那，小腿加速前摆，脚尖稍内转，脚面绷直，脚趾扣紧，用脚背外侧踢球的后中部，击球后踢球腿随球继续前摆。

**（二）停球的基本技术**

1. 脚内侧停球

脚内侧停球时接触球的面积大，易控制，并且便于改变方向和衔接下一个动作。

①停地滚球时，根据来球路线选择停球位置并及时移动到位。支撑脚正对来球，膝关节微屈。停球腿屈膝外展并前迎，脚尖翘起，在脚与球接触前的刹那开始后撤，在后撤过程中用脚内侧触球，把球控制在衔接下一个动作需要的位置上（见图3-2）。

**图 3-2　停地滚球**

②停反弹球时，支撑脚踏在球的落点的侧前方，膝关节微屈，上体稍前倾并向停球方向微转，同时停球脚提起，踝关节放松，脚内侧对准球的反弹路线，当球落地反弹时，用脚内侧挡压球的后中部。

③停空中球时，根据来球的高度，将停球脚抬起前迎，脚内侧对准来球线路，在脚与球接触的瞬间开始后撤，在后撤过程中用脚内侧把球控制好。

2. 脚底停球

脚底停球时脚底接触球面积大，易将球停稳，常用于停地滚球和反弹球。

①停地滚球时，支撑脚踏在球的侧后方，膝关节微屈，脚尖正对来球，同时停球脚提起，膝关节自然弯曲，脚尖翘起高于脚跟。踝关节放松，用脚前掌挡压球的中上部。

②停反弹球时，支撑脚站在球的落点的侧后方，停球腿屈膝抬起，当球落地的刹那，脚尖上翘，小腿稍前倾，用脚掌覆盖在球的反弹路线上，触压球的后上部。

3. 胸部停球

胸部面积大，有弹性，位置高，常用于停高球和平直球。

①挺胸式停球。面对来球，两腿前后开立，两膝微屈，两臂自然张开，收下颚挺胸迎球，同时展腹。在球与胸部接触的刹那，上体稍后仰并收腹停球，使球向上弹起，再落于体前。一般用于停高过头部以上的下落球。

②收胸式停球。面对来球，两脚左右或前后开立，重点落在两脚之间，两臂自然张开，重心前移，挺胸迎球。在球与胸部接触的刹那，上身迅速后移，收胸、收腹缓冲来球力量，把球停在体前。一般用于停齐胸高度的平直球。

4. 大腿停球

①大腿停高球时，停球腿屈膝抬起，以大腿中部对准落下的球，肌肉适当放松。在大腿与球接触的刹那，快速后撤，将球挡落在体前衔接下一个动作需要的位置上。

②大腿停低平球时，停球腿以大腿中部对准来球，屈膝前迎，肌肉适当放松。在大腿与球接触前的刹那，快速后撤，将球挡落在衔接下一个动作需要的位置上。

5. 脚背正面停球

停球脚提起迎球，以脚背正面对准下落的球。在脚背与球接触前的刹那开始下撤，在下撤过程中用脚背正面触球的底部，使球落在体前适当的位置上。

### （三）头顶球的基本技术

1. 原地前额头顶球

身体正对来球，两脚前后开立，膝关节微屈，上体后仰，重心落在后脚上，两臂自然张开，眼睛注视来球。在球运行到身体垂直部位前的刹那，后脚用力蹬地，身体重心由后脚移向前脚的同时，迅速向前摆体，颈部紧张，快速甩头，用前额正面顶球的后中部，然后上体随球继续前移。

2. 跳起前额正面头顶球

原地双脚起跳时，两腿先屈膝，重心下降，然后两脚用力蹬地跳起，同时两臂屈起上摆，向上跳起，在跳起上升过程中，挺胸展腹，两臂自然张开，眼睛注视来球。在跳到接近最高点准备顶球时，身体成背弓状。在球运行到身体的垂直部位前的刹那，快速收腹，折体前屈并甩头，用前额正面将球顶出。顶球后，两腿自然屈膝落地。跑动中单脚起跳时，最后一步的步幅要稍大并用力蹬地，同时另一腿屈膝上摆，两臂屈肘自然上提，使身体向上腾起。跳起在空中身体成背弓状，技术要求与原地跳起顶球相同。

### （四）运球的基本技术

1. 脚背正面运球

跑运时身体自然放松，上体稍前倾，两臂屈肘自然摆动，步幅适中，运球脚提起，膝关节微屈，脚跟提起，脚尖向下，在迈步前伸着地前，用脚背正面推球前进。

2. 脚背内侧运球

它适用于变向运球，多在向里改变方向并需要用身体掩护球的情况下使用。运球跑动时身体放松，步幅稍小，上体稍倾并向运球方向扭转，双臂屈肘自然摆动，膝关节微屈，脚跟提起，脚尖稍外转，在迈步前伸着地前，用脚背内侧推球前进。

3. 脚背外侧运球

在快速奔跑和向外改变方向时使用，步幅适中，运球脚提起，膝关节微屈，脚跟提起，脚尖稍内转，在迈步前伸着地前，用脚背外侧推球前进。

4. 脚内侧运球

这是运球技术中速度最慢的一种运球动作，当运球靠近对手，需要牢固地控制好球而用身体掩护时，可采用脚内侧运球。运球跑动时，支撑脚稍向前跨踏在球的侧前方，膝关节微屈，上体稍前倾并向里转。随着身体前移运球脚提起脚内侧对准球，推球前进。

运球时常用的动作：拨球、拉球、扣球、挑球。这些技术动作，也是运球过人时常用的动作。

①拨球，是用脚腕的扭拨动作，以及脚背内侧或脚背外侧触球，使球向侧方或侧前方运动（见图3-3）。

图 3-3　拨球

②拉球，是指用脚掌将球由前向后或由左（右）向右（左）拖拉的动作（见图3-4）。

**图3-4　拉球**

③扣球，是指用突然转身和脚腕急转的扣压动作以脚背内侧或脚背外侧触球，将球向侧后方停下或改变方向运行。用脚内侧扣球的动作称为"里扣"；用脚外侧扣球的动作称为"外扣"。

④挑球，一般是指用脚背与脚尖翘起上挑的动作或用脚背上撩的动作运球。

### （五）抢截球的基本技术

抢球是指用规则所允许的动作，把对手控制的或将要控制的球夺过来，踢出去或破坏掉；截球是指用规则所允许的动作，把对方队员间的传球或射出的球堵截住或破坏掉。

#### 1. 正面跨步抢截球

面对对手两脚前后开立，两膝微屈，身体重心下降并放在两脚间。当对手的运球脚触球后即将着地或刚着地时，抢球者快速前移重心，支撑脚用力后蹬，抢球脚以脚内侧对着球屈膝跨出，从正面抢截球，同时上体稍前倾，身体重心移至抢球脚上。支撑脚随即前跨，维持平衡，如双方的脚同时触球，则要顺势向上提拉，使球从对手脚背滚过。

#### 2. 侧面抢截球

侧面抢球是与运球的对手成并肩跑动或从后面追成平行跑动时采用的抢球动作，合理冲撞抢球时身体重心稍下降，和对手接触一侧的手臂紧贴自己的身体，当对手靠近自己的一侧脚离地时，用肘关节以上部位冲撞对手的相应部位，使其失去平衡而离开球，乘机把球抢过来。

### （六）假动作

在比赛中，运动员为了摆脱对手的阻挠，突破对方的防守，抢夺对方的球或破坏对方对球的控制，经常采用一些假动作。假动作已渗透在各项技术和临场应用之中。

①假动作要给人以逼真的感觉。假动作与真动作的衔接要突然、快速、连贯。

②假动作只有在接近对方时运用才易生效。

③假动作不要求统一规格，在明确它的一般规律后，可以结合各种技术动作，创造适合本人特点的假动作。

假动作可分为无球假动作和有球假动作两大类。无球假动作是指运动员无球时，改变速度、方向的假动作。有球假动作是指运动员有球时，所做的传球、停球、运球过人等假动作。

### （七）掷界外球

掷界外球是一次绝好的组织进攻的机会。如能将球掷得既远又准，就会加快进攻的速度，增强进攻的威力。

掷界外球的方法有原地掷和助跑掷两种。

原地掷界外球时，面对出球方向，两脚前后或左右开立，膝关节微屈，上体后仰成背弓，重心移到后脚上（左右开立时，重心在两脚之间），两手自然张开，拇指相对，持球的侧后部，屈肘将球置于头后。掷球时后脚用力蹬地，两腿迅速伸直，身体重心由后脚移到前脚，收腹屈体，同时两臂急速前摆。当球摆到头上时用力甩腕将球掷入场内。掷球时，后脚可沿地面向前滑动，两脚均不得全部离地或踏入场内，但允许踏在线上。

助跑掷界外球时，掷球动作同原地掷界外球。助跑掷界外球主要是借助助跑的速度把球掷得更远。

### （八）守门员技术

守门员技术包括准备姿势、移动选位、接球、扑球、拳击球、托球、掷球和抛踢球。

#### 1. 准备姿势

两脚左右开立与肩同宽，两膝自然弯曲并稍内扣，脚跟稍提起，身体重心在前脚掌上，两臂于体侧伸开，肘微屈，手指自然张开，掌心向前，眼睛注视来球。

#### 2. 移动选位

守门员移动时，多采用侧滑步和交叉步两种步法向两侧移动。守门员选位时，一般情况下应在两球门立柱与球所处的位置所构成的角分线上。当对方在端线附近进攻或罚角球时，守门员应站在"远角"或球门线的远端1/3处。

#### 3. 接球

接球是守门员最主要的技术。它包括接地滚球、接平直球、接高球等。

（1）接地滚球

接地滚球有直腿式和单腿跪撑式两种方法。

直腿式接球：两腿自然并立，脚尖正对来球，上体前屈，两臂并肘前迎，两手小指靠近，手掌对球。在手触球的刹那，随球后引并屈肘、屈腕，两臂靠近将球抱于胸前。

单腿跪撑式接球：身体正对来球，两脚左右开立，一腿弯曲支撑身体重心，另一腿内转跪撑，膝盖接近地面并靠近前脚脚踵，上体前屈，手臂下垂，两手小指相对，手掌对准来球，稍向前迎，在手触球的刹那，两手随球后引并屈肘、屈腕，两臂靠近，将球抱于胸前，然后起立。

（2）接平直球

平直球可分为低于胸部和与胸齐高的两种，它们在接法上各不相同。

接低于胸部的平直球时，身体正对来球，两脚左右开立，上体稍前倾，两臂下垂并屈肘前迎，两手小指相靠，手掌对球，在手触球的刹那，两臂后引并屈肘，顺势将球抱于胸前。

接齐胸高的平直球时，身体正对来球，两臂屈肘并稍上举，两手小指靠近，五指微屈，手掌对球。当手触球时，手腕和手指适当用力，顺势屈臂后引，转腕将球抱于胸前。

（3）接高球

在确定接球点后，迅速移动并跳起，两臂上伸迎球，两手拇指成八字，手指微屈，手掌对球。当手触球时，手腕和手指适当用力将球接住，顺势屈肘，回缩下引，并转腕将球抱于胸前。

4. 扑球

扑球是守门员在通过移动接球来不及的情况下所采用的一种救球方式，它是守门员技术中难度较大的动作。

（1）倒地扑两侧低球

如扑接左侧低球时，左腿屈膝向左跨出一步，身体左侧。左脚着地后，小腿、大腿、臀部、上体和手臂的外侧依次着地。两臂向球伸出，左手掌心正对来球，右手在左手前上方，两手腕稍向内屈。触球后把球收回胸前，然后站起。

（2）鱼跃扑侧面地滚球

来球距守门员较远时，可用这种扑接方法。扑接时，两膝微屈，身体重心下降，在身体向扑球方向侧倒的同时，同侧脚用力蹬地跃出，挺胸使身体展开，两臂快速伸出，两手拇指自然分开，手掌对球，向球扑去。手触球时，手指和手腕用力，以屈肘、扣腕的连续动作将球抱于胸前，同时屈膝团身落地，以两手按球，前臂、肘肩、上体侧面、臀部、大腿、小腿依次着地。

（3）扑接侧面平高球

扑接时，身体重心先移向靠近来球一侧的脚上，同时用力蹬地向侧面跃出，身体展开，两臂自然伸出，两手拇指靠近，手指自然分开，手掌对球。当手触球时，以扣腕动作将球接住。落地时，以两手按球，前臂、肘、肩、上体侧面、臀部、大腿、小腿依次着地，同时屈肘，转腕将球抱于胸前，并屈膝团身。

5. 拳击球

守门员在没有把握接住球或对方猛烈冲门的情况下，为了避免接球脱手，可用拳击球。拳击球有单拳击球和双拳击球两种方法。

（1）单拳击球

单拳击球动作灵活，活动范围大，击球点高，多用于击侧面传中球和高吊球。击球时，屈肘握拳于肩前，蹬地跳起接近球，在击球前的刹那，快速出拳，以拳面将球击向预定目标。

（2）双拳击球

双拳击球动作，接触球的面积大，准确性高，多用于击正面高球或平高球。击球时，两臂屈肘握拳于胸前，两拳靠拢，拳心相对，当跳起接近最高点即将触球的刹那，两拳同时快速出击，以拳面将球击向预定目标。

6. 托球

托球在来球弧度较大，其运行路线又是奔向球门横梁的情况下，守门员起跳接球成功率不高时运用。起跳准备托球时，全身伸展成背弓，一臂快速上伸，掌心向上，用手掌前部和手指用力将球稍往后上方托起，使球越过球门横梁。

7. 掷球

守门员为了争取时间组织快速反击，经常使用手掷球技术。手掷球包括单手肩上掷球、单手低手掷球和侧身勾手掷球等方法。

（1）单手肩上掷球

守门员需要做较远距离的掷球时，一般采用单手肩上掷球。单手肩上掷球时，两脚前后开立，两膝微屈，单手持球，屈臂于肩上。掷球前，持球手臂后引，同时身体随之侧转，重心落于后脚上。掷球时，利用后脚向后蹬地、转体和挥臂、甩腕的力量将球掷向预定目标。

（2）单手低手掷球

单手低手掷球，由于掷出的球沿地面滚动，所以平稳易接，但掷出的球力量较小，故适用于近距离掷球。掷球时，两脚前后开立，两膝微屈，单手持球于体侧，掷球前持球手臂后摆，同时身体随之侧转或侧前屈，重心移动到后脚上。掷球时，利用后脚蹬地和挥臂、甩腕、手指拨球的力量将球掷向预定目标。

（3）侧身勾手掷球

勾手掷球是手掷球中力量最大的掷球方法，一般在远距离掷球时采用。勾手掷球时，两脚前后开立，身体侧对出球方向，单手持球后引，臂微屈，同时重心移至后脚上。掷球时，后脚用力蹬地，同时转体，重心由后脚移向前脚。当持球手臂由后经体侧沿弧线摆至肩上时，手指和手腕用力将球掷向预定目标。球出手后，掷球手臂继续前摆，上体前倾，后脚向前迈出，维持身体平衡。

8. 抛踢球

抛踢球是守门员把获得的球直接传给远离自己的同队队员的技术动作。抛踢球有踢自抛下落的空中球和踢自抛的反弹球两种方法。抛踢球动作与脚背正面踢球基本相同，只是由于要求踢得远，所以守门员都是用力向前上方将球踢出。

# 第二节　足球运动基本战术

## 一、进攻战术

### （一）个人进攻战术

个人进攻战术包括控制球时有目的、合理地运用技术，以及无球时具有战略意义的行动。个人战术的集合必将体现整体战术水平的高低，因此，提高个人战术水平对比赛的质量有重要意义。

1. 个人进攻战术分析

（1）跑空当

突然起动，摆脱身边的防守者，向无人的空位上跑动接应。进攻队员 A 跑空当接应队员 B 的传球，跑位时可能同时存在几个空当，队员 A 可根据当时的情况及防守队员的移动情况选择接应空当。队员 A 可向前接应，也可向后接应；可向左接应，也可向右接应。

如果在跑动接应中发现有同伴已跑向同一空位，应立即变向，选择另外空位接应。例如，队员 A 跑空当接应但途中发现队员 C 也正跑向该位，应立即变向再选位跑动，或是站在原地不动。

（2）跑第二空当（间接空当）

在对方紧逼的情况下，直接空当接应往往效果较差，此时需要跑第二空当。例如，当队员 C 跑位时将身边防守队员扯出，队员 A 突然起动，摆脱防守，跑向由队员 C 扯出的空当；当队员 C 横向移动时，队员 A 跑向由队员 C 扯出的边路空当。

（3）交叉换位跑动

在跑动接应时，往往是一动全动。队员可根据同伴跑动的方向进行交叉换位跑动，使对方防守混乱，达到接应的目的。例如，队员 A 可以与队员 B 横向交叉，也可以纵向交叉。

（4）持球队员行动准则

①在前场罚球区附近的持球队员首先选择射门。

②在前场的持球者面对只有一位防守者防守，而又暂无本方队员接应的情况时，应坚决进行一打一突破射门。

③在前场的持球队员面对较多防守者，而又暂无本方队员接应时，应将球护好，以待本方队员接应、支援。

④在任何时间、任何地点，有同伴比自己位置更好，更能获得向前或射门机会时，要坚决传球。

⑤传球时应传出使同伴更容易接和更有利于进攻的球。

⑥能向前传时绝不横传或回传。

⑦能快传时绝不延误战机。

⑧所在区域防守队员密集时应长传转移。

⑨能直接射门时尽量不传球射门。

⑩主动迎球、接球，尽快接触球，绝不等球。

2. 个人进攻战术练习

方法一：移动接球。接应队员避开障碍物旗杆，向两边空当接同伴的传球。接球后再回传给同伴，再向另一边移动接球，以此重复练习。可定时交换练习。

方法二：一抢二练习。在长 25 米、宽 15 米的范围内进行一人抢球，二人传控的练习，控球一方的无球队员要积极选位接应。防守者抢到球即成为控球一方，由失误的队员担任防守者。可计时交换位置重复进行练习。

方法三：交叉换位。将人员分成两组，在前场进行交叉换位跑动，队员 A 与队员 B 交叉换位后接队员 C 的传球，再进行配合射门。

方法四：第二空当跑位。接应者队员 A 快速跑向由同伴队员 B 拉出的第二空当，接队员 C 的传球射门。

### （二）局部进攻配合战术

局部战术是指场地范围不大，参与人数不多的攻、防配合行动。局部战术是整体攻、防战术的基础，在某些时候，也是直接结束战斗的重要手段。如在比赛中 2 名或 3 名队员通过运球、传球、跑位等配合，突破 1 名或 2 名防守队员的方法。局部进攻配合有二人配合和三人配合。

#### 1. 局部进攻配合战术分析

在足球比赛中，全队的进攻战术配合由若干局部进攻配合构成。无论多么复杂、精细的全队进攻配合，都必须通过局部进攻配合来完成。

比赛中经常采用的二人配合进攻方法有传切配合二过一、踢墙式配合二过一、回传反切二过一。二过一是足球比赛中最常用、最有效、最简捷的进攻配合方法，在球场任何一个区域，任何两名同队队员都可以采用。在局部区域，二人进攻配合能力的强弱，直接反映了全队进攻配合的质量，也反映了队员的技术水平、战术意识及配合的默契程度。

（1）传切配合二过一

传切配合二过一是两名进攻队员通过一传、一切配合越过一名防守队员的配合方法（见图 3-5）。

斜传直插二过一如图 3-6 所示。

直传斜插二过一如图 3-7 所示。

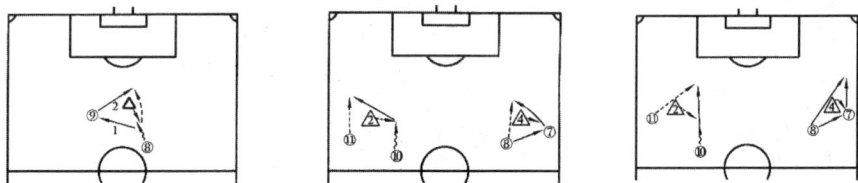

图 3-5　传切配合二过一　　图 3-6　斜传直插二过一　　图 3-7　直传斜插二过一

斜传直插二过一和直传斜插二过一都是只通过一次传球和穿插就越过一名防守队员，配合十分简捷和有效。在进行配合时，两名进攻队员要保持适当的距离。控球队员可采用运球或其他动作，诱使防守者上前阻截。插入的队员必须突然、快速起动，但应避免越位。

（2）踢墙式配合二过一

踢墙式配合二过一是两名进攻队员通过两次传球越过一名防守队员的配合方法。

对持球队员的要求如下：带球逼近防守队员，把防守队员吸引过来，在距离2～3米处传球；最好传地滚球，力量适度，方向准确；传球后立即快速插入，准备接球。

对接应队员（即做墙队员）的要求如下：当控球同伴带球逼近防守队员时，接应队员要突然摆脱防守者，与持球同伴形成三角形位置，并侧对进攻方向，以利于观察传球；一次触球，力量适当，传球到位，尽量传地滚球；传球后立即跑位，寻找再次进攻配合的有利位置。

（3）回传反切二过一

回传反切二过一是由三次（或两次）传球组成的配合方法（见图3-8）。

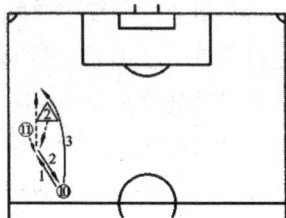

图 3-8　回传反切二过一

对持球队员的要求如下：持球队员在距接球队员 8 ～ 10 米处传球；要向接球队员脚下传球，力量应稍大些；传球时，要立即将球传到防守队员身后的空当，传球要到位，力量要适当。

对反切队员的要求如下：接球要逼真，以引诱防守队员实施紧逼，制造防守队员身后的空当；应传脚下球，传球力量稍大些；回传后，迅速转身，插向防守队员身后的空当。

运用回传反切二过一配合时，要有一定的纵深距离。特别是在罚球区前中路地区，要考虑到守门员可能出来断截的情况。

2.局部进攻配合战术练习

方法一：踢墙式二过一练习。

方法二：各种二对一射门练习。

方法三：在罚球区前 10 米 ×10 米范围内进行二过一配合射门练习。

方法四：在 10 米 ×20 米场地上设两个球门进行二对二防守练习，须有一人为守门员，在规定时间内相互展开攻守。

方法五：回拉接应反向切入射门练习。

方法六：间接二过一射门练习。

方法七：半场中路进行三对二射门练习，规定最多三次传球，必须射门。

### （三）定位球进攻战术

有关研究资料表明，有 40%～50% 的入球来自定位球配合，特别是在许多关键性的比赛中，这是因为定位球进攻与一般的配合进攻相比有以下五个方面的有利条件。

第一，球在罚出或掷出时处于死球状态，不存在控球问题。

第二，除掷界外球外，对手都必须在距离球 9.15 米以外的位置，无法对罚球队员施加防守压力。

第三，投入的进攻人数较多，一般有 8～9 名队员。

第四，队员可以在预先设计的进攻点站位，以最大限度地发挥每个队员的作用。

第五，通过训练可实现很高水平的协同行动并具备把握时机的能力。

这五个有利条件的综合作用，使得防守队员对定位球的防守难度极大。若进攻队员在配合中投入得更多，防守定位球的难度会更大。教练员可以对罚球队员、接应队员等进行针对性的安排与训练，这样往往会取得良好的效果。

1. 角球战术

（1）直接传中

由传球技术较好的队员主罚角球，直接将球传向球门区附近，一般有三个威胁点：一是球门区近角，称为"近端"；二是球门区远角，称为"远端"；三是罚球点附近区域，称为"中间"。为便于与本方队员联系，可用某种信号予以代替，如出手指"1"表示"近端"，出手指"2"表示"远端"等。由头顶球技术较好的队员对传中的球进行冲顶，其他进攻队员冲击包抄，以补射或"捡漏"。对传球三个点的选择，取决于攻、守双方的具体情况。若守方中路防守力量坚强，且有高大身材的队员，头顶球能力较强时，则应选择传"中间"，进行强攻。传向中路的球，其地点应是对方守门员出击比较困难，但离球门又不是太远的位置，否则同伴即使顶到球也不能对对方守门员构成威胁。

（2）短传配合

在队员主罚角球时，另一队友应快速跑上靠近主罚队员，接短传给自己的球，其中有两个目的：一是缩短再次传中的距离，以提高传中球的准确性；二是在小范围内进行"二打一"再下底线，逼迫对方有队员从中路扯出补位，以造成对方中路防守混乱，并即时传中，由中路进攻队员进行冲击射（顶）门。

2. 前场任意球战术

（1）直接射门

直接射门可采用两种方法：一是获直接任意球时，根据规则允许，不经裁判员鸣哨，在对方还未组织好防守，未引起注意时，突然快速起脚射门；二是利用"人墙"的漏洞或守门员站位的不当，采用踢弧线球技术，绕过"人墙"射门。

（2）配合射门

任意球配合射门的方法，可以设计多种。无论设计什么方法都应遵循以下两条原则：①路线简单，技术简练，传球次数不要过多，至多3次传递即完成射门；②声东击西，避实就虚，避开"人墙"或破坏"人墙"，创造射门机会。

（3）两侧斜传强攻

当罚球点处于罚球区附近两侧时，可采取斜传冲击方法。斜传时一般传空中球，中路由身材高大、头顶球技术较好的进攻队员进行冲顶，其他进攻队员有层次地插上进行冲击，造成对方门前混战，以寻找得分机会。

3. 前场掷界外球战术

（1）大力掷球传中

在靠近对方罚球区的边线掷界外球时，掷球队员助跑掷球，大力掷向对方的罚球区，其威胁和作用相当于一次罚角球进攻。

（2）向对方纵深掷球下底

由于规则规定掷界外球时进攻一方直接接的界外球是没有越位的，所以接球队员可通过突然起动，摆脱跑位，或者通过同伴的扯动跑位下底接掷出的界外球，并直接传中或造成角球。

4. 定位球进攻战术练习

方法一：定位多球射门。在罚球区附近的各个罚球点上，主罚队员进行多球射门练习，以提高直接射门的准确性。

方法二：角球直接传中。主罚队员进行多球传中练习，要求罚球落点（"近端""中间""远端"）准确，并对出球的弧线、速度提出不同的要求。

方法三：弧线球射门。在离罚球点9.15米处设立障碍物或"人墙"，主罚队员踢弧线球绕过障碍或"人墙"射门。

方法四：斜传球射（头顶）门。由主罚队员A在罚球区附近的两侧地点传空中球，中间插上队员B和C跑动射门或配合射门。在此基础上，插上队员可增加至3～4人。插上时须有层次，队员B先插，队员C稍后并交叉换位，队员 B 在跑动中接队员 A 的传球，可直接传（头顶）给后插上的队员 C，由队员 C 射门。

　　方法五：一拨一射。在射门的罚球点上，由队员 A 短距离拨给队员 B，队员 B 在队员 A 传球前就应隐蔽移动，待队员 A 拨出球后，队员 B 正好到位射门。此练习主要训练有关配合人员对传球、跑动、射门时间上的默契和射门队员对踢地滚球的适应程度。在此基础上，局部参与人员还可增加至 3 ～ 4 人。

### （四）常见的进攻方法

#### 1. 阵地进攻

当守方的队员都退回自己的半场且占据防守位置时，攻方的进攻则成为阵地进攻。它的主要特点是守方没有大的空当，且攻防人数大体相等，此时要求进攻者用不断的跑动、穿插、策应来打破守方的防御体系，在局部地区造成以多打少的局面。

（1）边路传中

边路传中是指在对方半场两侧地区发动的进攻，通过传中创造射门机会。由于两侧地区防守队员相对较少、空隙较大，攻方在这一地区便于突破防线。

现代足球比赛中边路传中的区域主要有两个：一是在对方罚球区的延长线附近；二是在球门区延长线附近。前者多于后者。

边路传中的落点主要有三处：一是球门区与第一门柱之间，常称为前点；二是罚球点附近，这是进攻者攻门的最佳位置；三是第二门柱附近区域，俗称后点。

当今足球比赛传中技术已改变过去弧度高、球速慢的踢法，普遍要求弧度低、球速快且带有明显的向内旋转。这对守门员及防守队员的判断、抢断能力有一定要求，而对进攻者的射门有利。在防守者面向自己球门跑动、阵脚未稳、尚未调整好位置时传中最为有利。

边路传中主要有个人运球突破和传球配合两种方法。

①个人运球突破是进攻中的锐利武器，主要有利用速度突破、运用假动作突破及速度与假动作相结合的突破。

②传球配合在边路进攻中运用最多。如前锋的配合突破有前锋拉边、前卫套边、边后卫插上等。运用时中路包抄的队员应有较明确的分工，包括抢前点、夺后点、争中路、候外围等，使包抄有一定的层次，争取射门与补射的机会（见图 3-9）。

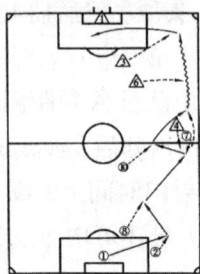

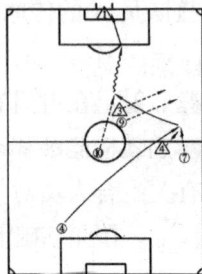

图 3-9　传球配合　　　图 3-10　后场发动进攻

（2）中路渗透

中路渗透一般有后场、中场、前场中路发动进攻三种形式。

①后场发动进攻主要指守门员和后卫发动的进攻（见图 3-10）。

②中场发动进攻中前卫队员扮演着组织进攻和插上进攻的重要角色。采用的方法是短传配合，以各种二打一来摆脱对方的防守。据研究，中场发动进攻创造射门数占 74%。

③前场发动进攻主要靠前锋回撤，在其身后形成的空当由其反切插入，或者由后排的前卫、后卫插入。在罚球区附近进行踢墙式二打一的配合，对突破对方密集防守往往有奇效。前场除了组织进攻外，采取断抢、捡漏等反攻的方法，有时也可获得意外的成功。

（3）中边转移

由于比赛中中路聚集着大量的兵力，有时单一的中路渗透往往不能奏效，所以一旦中路进攻受阻，应及时往边路转移。当防守的力量偏重在某一侧时，也可以由一侧向另一侧的边路转移进攻。总之，转移进攻可以打乱对方的防守计划，利用空当，创造破门得分机会。

2. 快攻

快攻即快速进攻，是最有实效的一种进攻战术。其主要特点是由守转攻时，乘对方来不及组织防守、立足不稳之际，通过简练快速的传递配合创造射门机会。

①守门员获得对方射门的球，此时对方三条线压得比较靠前，守门员迅速地用脚踢给本方埋伏在对方后卫线附近的突击队员，或用手抛给中场占据有利位置的同伴队员，形成快速突破的机会。

②在中、前场截得对方脚下球即刻发动进攻。

③获得任意球时，快速罚球也能形成快攻机会。

④快攻最为关键的因素在于"快"和"准"。

快攻中通过边路传中的进攻主要有个人突破和边路队员快速插到防守者身后接球突破。快攻中的中路突破主要有个人突破和配合突破两种形式。

快攻中的中边转移的主要形式有：中后场得球后一次性直接将球长传至边路，由边路队员突破；经过中场的一两次传递后再将球分到边路，由边路队员突破。

## 二、防守战术

### （一）个人防守战术

1. 选位

选位是指防守队员在防守时选择占据合理的防守位置。一般应处于对手与本方球门中心所构成的一条直线上。

在失球瞬间，防守队员应根据自己的防守范围与对手的情况，迅速选择有利位置，并朝着本方球门退却收缩，以便封锁对方向本方球门进攻的路线。在防守过程中要时刻观察场上情况，做到人球兼顾，不能让对手离开自己的视线范围，要随球和进攻队员的位置变化而变换防守位置。

2. 盯人

盯人是指防守队员控制进攻队员的行动与传接球的时间与空间，目的在于阻止对方接球，并在对手接球前或接球的一刹那紧逼。

盯人的方法如下：

①对有球队员及其附近的队员采用紧逼的战术。

②对离球远的对手可采用松动盯人的战术。

③对方队员接近球门时一定要紧盯。

3. 抢截

抢截是指将对方控制的球抢断下来或破坏掉。行动的前提是保证整体防守稳固。

### （二）局部防守战术

1. 保护

保护是指在同伴紧逼控球的对手时，自己选择有利位置来保护同伴，防止对手突破的默契行动。保护时选位的基本要求是队员间距离适当地斜线站位，这也是后卫线防守站位的基本原则。斜线站位可避免出现对方突破一点而使己方全线崩溃的局面。

2. 补位

补位是指防守队员间互相协作的防守配合行动。补位有两种：一种是队员去补空当，如边后卫插上助攻时，就有一个同伴暂时补他的位置，以防插上进攻失误时对方利用这一空当进行反击；另一种是队员的互相补位，即交换防守。互相补位一般是临近的两个同伴之间互相交换防守，这样出现漏洞的可能性较小。

3. 围抢

围抢是指防守时几名队员同时围堵、抢断某局部地区的对方控球队员的默契行动。防守队半场的两个底角和中场的边线附近是围抢的有利地区。底角有边线和端线，可限制对手的进攻方向，而中场边线附近，一方面受边线限制，另一方面这一地区易组织边锋、后卫、前卫进行围抢，故效果较好。当对方进攻推进缓慢或局部配合过多、缺少转移进攻时，则是组织围抢的最佳时机。

**（三）全局性防守战术**

1. 区域防守

区域防守是指根据场上队员位置的分布，每个防守队员防守住一个区域，在对方某一队员跑入本区域时，就进行积极防守，限制对方进行进攻活动的配合方法。

2. 人盯人防守

人盯人防守是指每个防守队员盯住一个对手，封锁对方的进攻路线，控制对手的活动和传、控球的配合方法。

3. 混合防守

混合防守是指区域防守与人盯人防守相结合的防守方法。目前在比赛中普遍采用混合防守的方法。

**（四）造越位和反造越位战术**

1. 造越位战术

当对方进攻时，在向前传球前的一瞬间，本方后防线上的队员有指挥地统一前压，使进攻队员在本方队员传球时已处于越位位置。

应注意的是，全体人员必须统一行动，否则，一旦造越位失败，将带来无法补救的后果。一般由拖在防线最后的自由中卫进行统一指挥。

2. 反造越位战术

反造越位战术是针对防守一方采取造越位战术而制定的。当本方队员传球前的瞬间，处在第一线的进攻队员必须随对方队员前压，往回移动，始终不让自己处在防守队员身后。与此同时，中场或后场的进攻队员隐蔽地向前快速插上，插上跑动应与传球时间配合默契，最好的时机是插上队员还未超过防守队员位置之前，传球者刚好将球传出。掌握得好，一般形成单刀球，使防守一方难以补救。

**（五）定位球的防守**

有研究显示，比赛中约 40% 的进球是任意球攻入的。为什么对任意球防守如此困难呢？这是由两个特别的原因造成的：一是进攻队一方可以将许多队员置于事先设计好的预定攻击区域位置；二是防守队员必须退到离球 9.15 米以外的位置，因此不能对主罚队员产生直接阻止或破坏主罚队员罚球动作的防守效果。

除上述两个原因外，还有两个原因来自球队本身。一方面是球队缺乏对任意球防守的严密组织；另一方面是在比赛停顿时，许多队员注意力不够集中。

1. **任意球的防守**

（1）直接任意球的防守

由于直接任意球可以直接射门得分，所以，防守直接任意球的首要任务是防止对手直接射门。比赛中常常采取布置防守人墙的方法来阻挡对手射门。

在布置人墙时应当明确以下几个方面的问题。

①由谁来组织布置人墙。一定不是守门员而应当是其他某个队员来组织布置人墙。守门员在同伴排人墙时的位置选择应当从两个方面考虑：一是既能看到球又能看到罚球队员，不站在防守人墙后面；二是靠近球门中心。

②由多少人来排防守人墙。这一点应根据罚球的位置来确定。一般来说，离球门越近，射门角度越大，排人墙的队员人数越多；反之，人数越少。

③排人墙的队员应当怎样做。在排人墙时，应当明确哪几人负责人墙的左边位置，哪几人负责人墙的右边位置。如果事先不对此做出明确安排，那么队员排人墙时就会出现混乱，从而可能被对手利用，罚球射门或迅速传出攻破防线或球门的危险球。

④排人墙的队员何时可以散开。人墙一般在球罚出后才能散开。如果防守

人墙过早散开，则主罚队员可乘机将球从人墙缝隙间射过直接攻门，对守门员来说等于被自己的人墙误导。在多数情况下，人墙散开时队员应当同时向球的位置移动，不要各自向各个方向散开。

（2）间接任意球的防守

在罚球区内防守间接任意球时，人墙应当尽可能地保护更大的球门区域面积。当全部队员都必须退到球门线上排人墙时，守门员应当在人墙的中心位置。当球被踢出时，全体防守队员应当立刻向球压上，这样可更好地封堵射门的角度，也可使对手处于越位犯规状态。

防守对方罚任意球时，首先采用合理手段，减少对手渗透性传球的路线，迫使对手使用技术难度更大的动作去踢球，这既可延缓对手的进攻速度，又可增加进攻罚球的难度。无论是防守直接任意球还是间接任意球，特别是罚球区附近中路的直接、间接任意球及罚球区内的间接任意球，都要注重防守要害空间。在不同的空间位置安排不同的队员，如在争抢空中球的要害空间位置安排弹跳力强、头球好的队员，在防守对方可能突然插上的空间位置安排防守能力强、抢位意识好的队员。

2. 角球的防守

角球防守时应以多防少，少数人留在外线准备反击。一般由头顶球技术较好的队员把守主要区域，并重点盯防进攻一方头顶球有威胁的队员。其他队员进行人盯人防守，站位时要遵循个人站位原则，将攻方人员顶在外线，并且不要离球门区太近，以免妨碍守门员的活动。在对方主罚队员 9.15 米处站一名防守队员，以防止攻方采取配合战术或传低平球。应有一名防守队员站在近端门柱处，以协助守门员防守射向近端的球。

（六）紧逼与保护

1. 紧逼的概念

所谓紧逼是指防守队员能接触到被防守者，并且运用一个动作就可以直接阻碍进攻队员处理球的防守方法。无论个人还是集体防守，紧逼都是最主要的防守方式。紧逼有时并不一定能直接抢下球，但紧逼队员的干扰，能够为其他队员的抢球创造良好的契机，造成进攻队员的失误。

2. 紧逼的重点区域

根据战术要求，队员可在球场的任何区域实施紧逼，但防守罚球区及附近区域是紧逼的重点区域。因为防守罚球区及附近区域处于对手的射程之内，防守队员的任何疏忽都可能破坏本队的防守。在防守罚球区及附近区域的紧逼，一方面可以给进攻队员以持续的压力，迫使其产生错误的选位和接应；另一方面可以限制对手获得球的时间和空间，使有球对手因慌乱而丢球。因此，在防守罚球区及附近区域必须对有球的对手实施贴身紧逼。中路是组织进攻的重点区域，也是实施紧逼防守的重点区域。当本队在中路取得人数上的优势时，必须对对手实施紧逼，最大限度地破坏对方中路的进攻组织，为本队在本方罚球区及附近区域的有效防守提供有力的支援。

3. 紧逼的距离

紧逼的距离一般以离对手1～1.5米为宜。这样既能随时断截对方的传球，又能在对方转身突破时处于领先对手的位置。此外，紧逼的距离还取决于下列因素。

（1）速度

速度对后卫及其防守对象尤为重要。如果防守队员比对方前锋速度快，则可站在距离被防守者较近的地方。如果速度慢于对手，采用贴身紧逼是十分危险的。此时，防守队员应当后撤到这样的距离：即使需做转身动作，也能比对方抢先接近球。

（2）技术水平

如果对方技术好，但速度慢，则可贴身紧逼对手，伺机直接破坏对手的接球。对技术较差的对手，可保持较远的距离，这种队员接球需要的距离较大，球弹出后离他较远，可在他接球后实施抢截。

（3）球所处的区域

当球离本队球门较远时，则紧逼的距离可稍远；当球离本队球门较近、威胁较大时，则紧逼的距离要近些。在紧逼盯人的同时，还应始终使自己处于既能观察球又能兼顾对手的位置，并根据比赛情况将紧逼和保护补位、守与攻的转换有机地结合。

4. 保护的概念

"保护"是指位于抢球队员（第一防守者）身后的保护队员（也称第二防守者）直接提供增援的防守方法。保护队员所处的位置，可封阻进攻方对防守球门的威胁。保护队员与抢球同伴之间的距离和位置应根据球、本方球门和进攻方队员的具体位置，伺机而变，灵活选择。保护队员的职责主要是处理发生在球周围的各种情况。抢球同伴与对手争夺球的结果，便是保护队员下一步行动的基本依据。

5. 保护的作用

（1）进攻作用

若本队抢球同伴夺球成功，则保护队员可迅速转换职能成为第二进攻者，即接应队员。

（2）防守作用

若抢球同伴受挫，则保护队员可迅速转换职能成为第一防守者（即抢球者），继续遏制对方的进攻势头。

（3）精神作用

有保护队员的居后增援，以及语言和位置上的呼应与鼓励，可使第一防守者在面对对方的控球队员时信心更足，无后顾之忧。

6. 保护的要素

保护技巧包括距离、角度和呼应三大要素。妥善处理好这三大要素之间的关系，才能充分发挥保护的重要作用。

（1）距离

距离是指第二防守者同抢球队员彼此间相隔的距离。保护距离与球在场区的位置及当时攻守局面的发展情况有很大的关系。

保护的距离还应考虑到对手的特点和类型，在对付速度型进攻队员时，保护队员应离抢球队员稍远些，以便进攻者突破同伴后有时间选择行动。如果距离太近，有可能使速度快的进攻者形成一过二的有利战机。在对付技术型进攻队员时，保护队员则应当离抢球队员更近些，以便在同伴被突破后能及时上前堵截进攻者，使其在更短的时间、更小的空间范围内难以发挥技术优势。如果抢球队员的速度比对手快，保护队员离同伴近些不会有什么问题；如果抢球队员的速度慢于对手，保护队员应距离同伴稍远些。在任何场区，如果抢球队员与保护队员之间的距离超过 10 米，那么抢球队员一旦被突破，保护队员也很难完成任务。

（2）角度

①选择适当角度。

适当角度的选择，必须视对手所处的位置和当时攻守局面而定。一般选择的站位角度应既能为第一防守者提供及时的补位，又能观察邻近攻守方队员的动向，尤其是第二进攻者（接应队员）的行动。一般站位角度为靠球门一侧与抢球同伴成 45°。保护队员选择这样的站位角度的有利之处：保护了抢球同伴身后的要害地带；对接应队员的防守也可兼顾，可施加一定的压力；抢球队员容易观察到侧后方的保护队员，彼此便于呼应，可增强防守者的信心；一旦抢下球后能迅速转入接应。

②易犯错误。

第一，站位角度缺少宽度。站在第一防守者垂直线的身后，远离第二进攻者，不能对其施压，也不便断截对方的传球，直接通向守方球门的通道完全暴露；由于抢球同伴的遮挡，视野受限。

第二，站位角度缺少纵深度。基本上与抢球同伴平行站位，致使抢球同伴身后的要害地带暴露，对方可充分利用空出的要害地带发起渗透性进攻，严重威胁本方球门；如果抢球同伴夺下球，接应角度也不好。

第三，站位于外侧。这是由于第二进攻者跑向第一进攻者身后外侧，导致第二防守者也随之位移至外侧，如此站位严重错误，不仅使抢球队员身后的要害地带完全暴露，还使抢球队员完全失去同伴的保护。

③封堵进攻路线。

在某些比赛形势下，为了封堵对方最有威胁的进攻路线，保护队员可暂时离开有利的保护位置，原有的保护职责由邻近的另一同伴承担。

（3）呼应

呼应是比赛场上的语言联系，也是一支成熟的、有经验的球队的重要标志。如果队员间相互不呼应，很容易引起防守的混乱。保护队员应与抢球队员保持呼应，如果抢球队员的位置不正确，保护队员的选位必然很难。保护队员应及时提示抢球队员的站位和行动，例如，"逼近些""迫使他走边路"等。队员注意力要集中，并耐心地履行职责。呼应时用语要简练、明确，声音要洪亮。呼应有利于鼓舞士气、营造气氛、增强全队防守的信心。

# 第四章　篮球运动

## 第一节　篮球运动基本技术

篮球技术是指在比赛中为达到攻、守目的所运用专门动作方法的总称，分为进攻与防守两大部分。进攻技术有移动、传球和接球、投篮、运球、持球突破和抢篮板球等；防守技术有防守对手、抢球、打球和断球等。

### 一、移动

移动是在篮球比赛中队员为了改变位置、方向、速度和争取高度空间所采用的各种脚步动作方法的总称。移动技术有起动，走，跑（变速跑、变向跑、侧身跑、后退跑），跳（单脚起跳、双脚起跳），急停（跨步急停、跳步急停），转身（前、后转身），滑步（侧滑步、前滑步、后滑步），后撤步，交叉步，攻击步，碎步等。

### （一）起动

1. 动作要领

从基本站立姿势开始，向前起动时以后脚，向侧起动时以异侧脚的前脚掌短促有力地蹬地，同时上体迅速前倾或侧转，向跑的方向转移重心，手臂协调地摆动，充分利用蹬地的反作用力，迅速向跑的方向迈出。

2. 技术要点

脚蹬地—移重心—快起步。

3. 技术难点

移重心、快起动。

## （二）变速跑

### 1. 动作要领

变速跑是队员在跑动中利用速度变化完成攻守任务的一种方法。由慢变快时，上体前倾，用前脚掌短促有力地向后蹬地，同时迅速摆臂，前两三步要小，加快跑的频率。由快变慢时，上体抬起，步幅加大，用前脚掌抵地，减缓冲力，从而降低跑速。

### 2. 技术要点

由慢变快时，体前倾—后蹬地—加快跑；由快变慢时，抬上体—加步幅—降跑速。

## （三）变向跑

### 1. 动作要领

以从右向左变向跑为例，最后一步用右脚前脚掌内侧用力蹬地，同时脚尖稍内扣，迅速屈膝降低重心，腰部随之左转，上体向左前倾，移动重心，左脚向左前方跨出，加速前进。

### 2. 技术要点

右脚内侧蹬地—屈膝、移重心—上体左转前倾—左脚左前跨出。

### 3. 技术难点

移重心和蹬地跨出配合。

## （四）侧身跑

### 1. 动作要领

在跑动时，头部和上体侧转向侧面或有球的一侧，脚尖向着跑动的方向。

### 2. 技术要点

上体侧转身—内侧腿深屈—外侧脚用力蹬地。

### 3. 技术难点

上体侧转和重心内倾。

### （五）急停

1. 跨步急停（两步急停）

（1）动作要领

急停时，先跨出一大步，从脚跟过渡到全脚掌着地，同时屈膝，身体稍后仰，重心后移，紧接着再跨出第二步，着地时脚尖稍内扣，屈膝，身体稍侧转、前倾，重心落于两脚之间，两臂屈肘自然张开，保持身体平衡。

（2）技术要点

跨一大步—后仰降重心—再跨第二步—身体稍侧转。

（3）技术难点

降重心和脚内侧蹬地配合。

2. 跳步急停（一步急停）

（1）动作要领

中速或慢速移动时，用单脚或双脚起跳，上体稍后仰，两脚同时平行落地略宽于肩，屈膝，重心下降，两臂屈肘微张开，以保持身体平衡。

（2）技术要点

单（双）脚起跳—两脚同时落地—屈膝降重心。

（3）技术难点

两脚同时落地。

### （六）转身

1. 动作要领

转身时重心移向中枢脚，另一脚的前脚掌蹬地，同时中枢脚以前脚掌为轴用力碾地，上体随着移动脚转动，以肩带腰向前后改变身体方向。使身体向前改变方向的称为前转身，使身体向后改变方向的称为后转身。

2. 技术要点

中枢脚碾地—异侧脚蹬地—转胯变方向。

3. 技术难点

异侧脚蹬地。

### （七）滑步

1. 动作要领

滑步分为侧滑步、前滑步和后滑步三种。以侧滑步为例，其动作方法是两脚平行站立，屈膝，上体稍前倾，重心落于两脚之间，两臂张开。向左侧滑步时，右脚前脚掌内侧蹬地，左脚向左跨出，落地同时，右脚紧随滑动，靠近左脚，但不交叉，左脚又继续跨出。向右侧滑步动作相反。

2. 技术要点

异侧脚蹬地—同侧脚跨出。

3. 技术难点

两脚蹬地与跨出的配合。

## 二、传球和接球

传球和接球是进攻队员之间有目的转移球的方法，是进攻队员在场上相互联系和组织进攻的纽带，是实现战术配合的具体手段。传球技术的种类有双手胸前传球、双手低手传球、双手低手向后传球、双手头上传球、单手肩上传球、单手胸前传球、单手低手传球、单手低手向后传球、单手肩上向后传球、单手背后传球、单手体侧传球、勾手传球等。接球技术的种类有双手接胸部高度的球、双手接头部高度的球、双手接低于腰部的球、双手接反弹球、双手接地滚球、单手接球等。

### （一）双手胸前传球

1. 动作要领

两手手指自然分开，拇指相对成八字形，用指跟以上部位持球，手心空出。两肘自然弯曲在体侧，将球置于胸腹之间的位置。身体成基本站立姿势，两眼注视传球目标。传球时，后脚蹬地使身体重心前移的同时，前臂迅速向传球方向伸直，拇指用力下压，手腕前屈，食指、中指用力拨球将球传出，传球后身体迅速调整成基本站立姿势（见图 4-1）。

**图 4-1　双手胸前传球**

2. 技术要点

脚蹬地、臂前伸—手腕内外翻—拇指向下压—食指、中指拨球。

3. 技术难点

拇指下压和食指、中指用力弹拨的配合。

**（二）双手头上传球**

1. 动作要领

持球手法与双手胸前传球相同，双手举球于头上，两肘弯曲，两手心向前。近距离传球时，小臂前摆，手腕前屈，拇指、食指和中指用力拨球。传球距离较远时，脚蹬地，腰腹用力以带动小臂发力和前摆，手腕和手指用力前扣，将球传出。

2. 技术要点

小臂前摆—急促扣腕—手指拨球。

3. 技术难点

急促扣腕。

**（三）单手肩上传球**

1. 动作要领

以右手为例，双手持球于胸前，两脚平行开立。传球时，左脚向传球方向迈出半步，同时将球引到右肩上方，肘关节外展，手腕后仰，右手托球，左肩对着传球方向，重心落在右脚上，右脚蹬地、转体，右手前臂迅速向前挥摆，手腕前屈，球由食指、中指拨出。

2. 技术要点

肩带肘前摆—伸臂扣手腕—手指用力拨。

3. 技术难点

扣腕拨球。

### （四）单手背后传球

1. 动作要领

以右手为例。双手持球于胸前，侧对接球队员。传球时，左脚向前迈出一步，双手持球后摆，当球摆至身体右侧时，左手离球，右手引球继续沿髋关节向后绕环，当前臂摆到背后时，右手腕向传球方向急促前屈，食指、中指用力将球拨出。

2. 技术要点

持球后摆—急促扣腕—手指拨球。

3. 技术难点

持球后摆和急促扣腕的配合。

### （五）单手体侧传球

1. 动作要领

以右手为例。两脚开立，两膝微屈，双手持球于体侧。传球时，右手持球后引，经体侧向前做弧线摆动，手腕前屈，用食指、中指的力量将球拨传出去。

2. 技术要点

持球后引—急促扣腕—手指拨球。

3. 技术难点

后引、扣腕。

### （六）双手胸前接球

1. 动作要领

接球时两臂自然伸出迎球，两手自然张开呈半球形，指端触球时，两臂随球后引缓冲来球力量，将球持握于胸腹间。

2. 技术要点

伸手迎球成半圆—随球后引到胸前。

3. 技术难点

迎球、后引、缓冲。

## 三、投篮

投篮是指持球队员用各种正确的手法，将球从篮圈上方投入球篮的各种动作方法。它是篮球运动的主要进攻技术之一，是唯一的得分手段。投篮技术的种类有原地双手胸前投篮、原地双手头上投篮、原地单手肩上投篮、原地单手头上投篮、行进间单手高手投篮、行进间单手低手投篮、行进间双手低手投篮、原地跳起单手肩上投篮、原地跳起单手头上投篮、原地跳起双手头上投篮、运球急停跳起投篮、接传球急停跳起投篮、转身跳起和跳起转身投篮、单手和双手补篮、单手和双手扣篮等。

### （一）原地双手胸前投篮

#### 1. 动作要领

双手持球于胸前，肘关节自然下垂，两腿微屈，两脚前后或左右开立，重心落在两脚之间。投篮时两腿蹬地，腰腹伸展，两臂向前上方伸出，两手腕同时外翻，拇指稍用力压球，指端拨球，用拇指、食指、中指投出，腿、腰、臂随出球方向自然伸展，脚跟提起（见图 4-2）。

**图 4-2　原地双手胸前投篮**

#### 2. 技术要点

蹬地前伸—前上伸臂—手腕外翻—手指拨球。

#### 3. 技术难点

腰腹伸展和手臂上伸的配合。

### （二）原地单手肩上投篮

#### 1. 动作要领

以右手为例。右手五指自然分开，向后屈腕，用指根以上部位持球，左手扶球的左侧，右臂屈肘，置球于右肩上。前臂与地面接近垂直，两脚左右或前后开立，膝微屈，重心落在两脚上。投篮时，下肢蹬地发力，右臂向前上方伸直，手腕前屈，食、中指用力拨球，通过指端将球投出，球出手时，身体随投篮动作向上伸展，脚跟微提起（见图4-3）。

图 4-3　原地单手肩上投篮

2. 技术要点

持球上举—蹬地伸腰—抬肘伸臂—压腕拨球。

3. 技术难点

抬肘伸臂和压腕拨球的协调用力。

### （三）行进间单手高手投篮

1. 动作要领

以右手为例。接球时第一步要大，接到球后的一步要小，以便起跳时把向前冲的力量变为向上起跳的力量。腾空后，上体稍后仰，右手把球送到最高点时，手腕前屈，食、中、无名指用力将球投出（见图4-4）。

图 4-4　行进间单手高手投篮

2. 技术要点

伸腰蹬地—屈抬右腿—伸臂举球—压腕拨球。

3. 技术难点

举球上肩和最高点出手时机的把握。

### （四）行进间单手低手投篮

1. 动作要领

右手投篮时，右脚跨步接球落地，接球后的第一步较大，第二步稍小继续加速，降低重心，用左脚蹬地向前上方起跳。腾空时间要短，持球手五指自然分开，托球的下部，手臂向上伸展。接近球篮时，手腕柔和上摆，食、中、无名指向上拨球，碰板或空心投篮（见图4-5）。

图 4-5　行进间单手低手投篮

2. 技术要点

起跳腾空—抬屈右腿—低手托球—压腕拨球。

3. 技术难点

举球上肩和压腕拨球的配合。

### （五）原地跳起单手肩上投篮

1. 动作要领

手法与原地单手肩上投篮相同。起跳时，两腿屈膝，脚掌用力蹬地向上起跳，双手举球至肩上。当身体接近最高点时，左手离球，右臂向前上方伸直，手腕前屈，食、中指拨球，通过指端将球投出，落地时，屈膝缓冲（见图4-6）。

图 4-6　原地跳起单手肩上投篮

2. 技术要点

蹬地上跳—举球上肩—屈腕拨球。

3. 技术难点

举球上肩和屈腕拨球的配合。

## 四、运球

持球队员在原地和移动中，用单手连续按拍借助地面反弹起来的球的技术叫运球。运球技术不仅是进攻队员摆脱防守创造传球、突破、投篮得分机会的桥梁，还是进攻队员发动快攻、组织与调整的战术配合，是瓦解防守阵形的重要手段。而现代篮球运球技术的最大特点是低重心、侧身护球、手臂大范围机动的攻击性运球。运球技术的关键是手对球的控制能力，脚步移动的熟练程度以及手、脚的协调配合。运球技术的种类有原地高运球、低运球、运球急停急起、体前变向换手运球、变速运球、胯下运球、运球后转身、背后运球等。

### （一）高运球

1. 动作要领

运球时，两腿微屈，目光平视，手用力向前下方推按球，球的落点在身体侧前方，使球的反弹高度在腰腹之间，手脚协调配合，使球有节奏地向前运行。

2. 技术要点

两腿微屈—上体稍前倾—前侧拍球。

3. 技术难点

手臂对运球方向的掌控。

### （二）低运球

1. 动作要领

两腿弯曲，重心下降，上体前倾，用上体和腿保护球的同时用手短促地按拍球，使球从地面向上反弹的高度在膝部以下。

2. 技术要点

屈膝降低重心—控球反弹高度—短促地按拍球。

3. 技术难点

屈膝降低重心和拍球在膝腰之间。

## （三）运球急停急起

1. 动作要领

快速运球急停时一般采用跨步急停，两脚前后开立，两膝弯曲，上体前倾，用腿和手臂保护好球，运球手短促有力地拍按球的正上方；急起时，后脚用力蹬地，身体重心迅速前移，运球手用力推拍球的后上方，使球加速前进，以超越对方。

2. 技术要点

急停时：屈膝上体前倾—按拍球正上方；急起时：后脚蹬地重心前移—按拍球后上方。

3. 技术难点

异侧脚蹬地和控球加速超越协调配合。

## （四）体前变向换手运球

1. 动作要领

运球队员从对手右侧突破时，先向对手左侧变向运球，然后突然改变方向向右侧运球。变向时，右手按拍球的右后上方，将球从右侧按拍到左侧前方。同时右脚向防守者的右侧前方跨步，上体左转侧肩挡住防守者，并迅速换左手按拍球的正后方加速前进。

2. 技术要点

右手体前左拍球—左手体侧推球。

3. 技术难点

转体探肩和左手体侧推球的配合。

## （五）运球后转身

1. 动作要领

右手运球后转身时，左脚向前跨步落于防守者两脚之间为中枢脚。身体左侧对着防守者，右手按拍球的右前方，向右做后转身，右脚落在防守者右侧。随着转身，迅速将球拉向身体的右侧方，然后换成左手运球加速前进（见图4-7）。

图 4-7 运动后转身

2. 技术要点

左脚为轴转身—右手拍球后引—左手运球向前。

3. 技术难点

向后拉球和转身换手运球。

### （六）背后运球

1. 动作要领

以右手运球，向左侧变向为例。变向时，用右手将球拉到身后，迅速拍球的右侧后方，将球从身后拍至左脚的侧前方，同时右脚向左前方跨出，转体探肩，靠近防守者，并立即换左手运球，左脚迅速向左前方跨出，摆脱防守运球前进（见图 4-8）。

图 4-8 背后运球

2. 技术要点

右手拉球右侧后—右脚前跨并转体—换手运球左前跨。

3. 技术难点

右手拉球和转腕按拍球的配合。

### 五、持球突破

持球突破是持球队员运用脚步动作和运球技术达到快速超越对手的目的的一种进攻技术。持球突破技术分为交叉步突破、同顺步（顺步）突破、后转身突破和前转身突破。

### （一）交叉步突破

1. 动作要领

以右脚做中枢脚为例。两脚前后开立，屈膝重心下降，持球于胸腹之间。突破时，左脚前脚掌内侧迅速蹬地，上体稍向右转，左肩向前下压，重心向右前方移动，左脚向右侧前方跨出，将球引入右侧，接着运球，然后中枢脚蹬地向前跨出迅速超越防守（见图4-9）。

图 4-9　交叉步突破

2. 技术要点

蹬跨积极—转体探肩—放球及时—加速突破。

3. 技术难点

左脚蹬地右前跨，转体探肩保护球。

### （二）同侧步（顺步）突破

1. 动作要领

以左脚做中枢脚为例。准备姿势与交叉步相同。突破时，右脚向右前方跨出一步，向右转体探肩，重心前移。左脚前脚掌迅速蹬地，向右前方跨出，突破防守（见图4-10）。

图 4-10　同侧步（顺步）突破

2. 技术要点

右脚前跨右转体—左脚蹬地右前跨。

3. 技术难点

蹬跨积极，转体探肩。

### （三）后转身突破

1. 动作要领

以左脚为中枢脚为例。背向球篮站立，两脚平行开立，两腿弯曲，重心降低，两手持球于腹前。突破时以左脚为轴转身，右脚向右侧后方跨出，上体右转，脚尖指向侧后方，右手向右脚前方放球，左脚前脚掌内侧迅速蹬地，向球篮方向跨出，运球突破防守。

2. 技术要点

右脚蹬地右后转—左脚蹬地向前跨。

3. 技术难点

蹬地转髋，放球换手。

### （四）前转身突破

1. 动作要领

以左脚为中枢脚为例。背向球篮站立，两脚平行开立，两腿弯曲，重心降低，两手持球于腹前。突破时重心移至左脚上，右脚前脚掌内侧蹬地，以左脚为轴，右脚随着前转身而向球篮方向跨出，左肩向球篮方向压，右手运球后左脚蹬地，向前跨出，突破防守。

2. 技术要点

右脚蹬地左前转—左脚蹬地向前跨。

3. 技术难点

转身超越。

## 六、抢篮板球

抢篮板球是指在比赛中双方队员争抢因投篮未中而从篮板或篮圈反弹出的球的技术。抢篮板球分为抢进攻篮板球和抢防守篮板球两种。

### （一）抢进攻篮板球

进攻中，同伴投篮出手后，靠近球篮的队员，判断球反弹的方向，运用假动作，摆脱防守，及时移向球的落点，迅速起跳，在空中补篮或抢下篮板球；

外围队员则要趁防守者不备，冲向球反弹方向，冲抢篮板球或进行补篮。

### （二）抢防守篮板球

对方投篮时，必须先采用跨步、撤步和后转身等移动方法挡住对手冲向篮下的路线。两脚开立屈膝，两臂屈肘张开，扩大所占据的空间面积。判断球反弹高度和落点，及时起跳，伸展手臂至最高点接球，如果没有在空中将球传给同伴发动快攻的机会，就应迅速将球持于胸前或头上，落地同时侧对前场，然后及时传出或运球突破。

## 七、防守对手

防守对手是指防守队员合理地运用脚步移动和手臂动作积极地抢占有利位置，阻挠和破坏对手的进攻行动，并以争夺控制球为目的。防守对手既是个人防守技术，又是集体防守的基础。

### （一）防守无球队员

防守队员应做到人球兼顾，与球和对手保持一定的角度和距离，站位于对手与球篮之间偏向球一侧的位置上。与对手的距离要根据对手与持球人的距离而定，一般离球近则近，离球远则远。防守时，防守队员要根据人和球的移动，合理地运用上步、撤步、滑步、交叉步等脚步动作，并配合身体动作抢占有利的防守位置，堵截对手的移动路线。在与对手发生对抗时，重心下降，双腿用力，两臂屈肘外展，扩大站位面积，上体保持适宜的紧张度，在发生身体接触的瞬间提前发力，主动对抗。

### （二）防守有球队员

防守队员应站于对手与球篮之间的位置。当对手接到球后，防守者应立即调整到对手与球篮之间。对手离篮近，防守者离对手稍近；对手离篮远，防守者离对手稍远。平步防守面积大，便于横向滑动，加上两臂侧举，有利于防守运球或突破的对手；斜步防守，一手臂斜上举，另一手臂侧伸，有利于防守能投能切的对手。在防守过程中，要善于判断对手的假动作和真实意图，不轻易上跳，伺机进行抢、打、断球，争取转守为攻。

## 八、抢球、打球、断球

抢球、打球、断球是防守中具有攻击性的技术，是积极防御思想在防守过程中的体现，是积极防守战术的基础。

### （一）抢球

抢球动作可分为两种：一种是拉抢，防守队员看准对手的持球空隙部位，迅速靠近对手，用两手抓住球，向后突然猛拉，将球抢过来；另一种是转抢，防守队员抓住球的同时，迅速利用手臂后拉和两手转动、手腕及上体扭转的力量将球抢过来。

### （二）打球

在进攻队员持球、运球、传球、投篮时，防守者可利用快速移动、合理的抢位伺机进行打球。当进攻队员接球的一刹那，可突然上步打球。若对手持球较高，打球时，手臂前伸，掌心向上，用手指和指根击球的下部；如持球部位较低，则手掌心向下，用手指和掌外侧击球的上部。

### （三）断球

横断球是从接球队员侧面跃出截获球。断球时，重心下降，准备起动，在对方将球传出的一刹那，突然起动，以短而快的助跑，单脚或双脚蹬地起跳，侧身跃出，用双手或单手将球截获。纵断球是指防守队员从接球队员右侧向前断球时，右脚先向右侧前方跨出半步，然后侧身跨左脚绕到接球队员前方，左脚或双脚用力蹬地向前跃出，身体伸展，两臂前伸，将球断掉。

## 第二节　篮球运动基本战术

### 一、进攻战术基础配合

#### （一）传切配合

传切配合是指队员之间利用传球和切入技术所组成的简单配合。它包括一传一切和空切两种。传切配合是一种最基本的简单易行的进攻方法，一般在对方采用扩大盯人防守战术或区域联防时运用。

1.传切配合的方法

（1）一传一切配合

持球队员传球后，利用起动速度或假动作摆脱防守，向篮下切入接回传球投篮。

如图4-11所示，⑤传球给⑥，⑤向左侧做切入假动作，同时观察❺的移动情况，然后突然从右侧切入，侧身面向球接⑥的传球投篮。

（2）空切配合

无球队员掌握时机摆脱对手，切向防守空隙区域接球投篮或做其他进攻配合。

如图 4-12 所示，④传球给⑤时，⑥利用 ❻ 未及时调整位置的机会，突然横切或沿底线切向篮下接⑤的传球投篮。

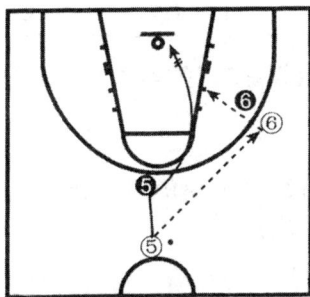

**图 4-11　一传一切配合**　　　　**图 4-12　空切配合**

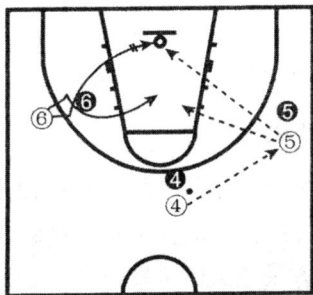

2. 传切配合的实战运用提示

第一，必须有一定的配合空间及合理的切入路线。

第二，切入队员抓住防守队员选位不及时或注意力分散的空隙，快速起动，或利用假动作摆脱对手。

第三，传球队员动作要隐蔽、及时准确。

3. 传切配合的训练方法

训练一（见图 4-13）：训练者分成两组，④传球给⑦后向左侧做切入的假动作，然后变向从右侧纵向切入，⑦接球后回传给⑤，并向底线做切入假动作，然后变向从左侧横切。⑦切入后到④排尾，④切入后到⑦排尾，依次进行训练。

要求：假动作要逼真，变向切入动作迅速，侧身看球。

训练二（见图 4-14）：④传球给⑦后向左侧做切入假动作，然后变向从右侧纵向切入接⑦的回传球投篮。⑦传球后跟进抢篮板球，④与⑦交换位置，依次进行训练。

要求：切入动作快，传球及时到位，投篮准确。

训练三（见图 4-15）：⑤、⑥每人一球，⑤传球给④后反方向切入接⑥的球投篮，⑥传球后快速横切接④的传球投篮。④、⑥抢篮板球后按顺时针方向换位，依次进行训练。

要求：切入动作规范，速度快，传、投准确，换位及时。

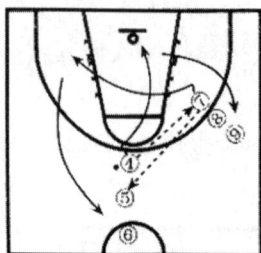

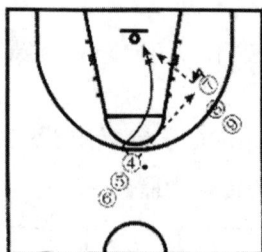

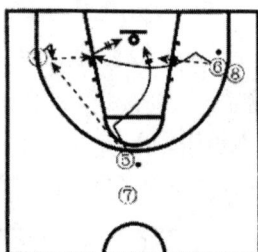

图 4-13　传切配合训练一　图 4-14　传切配合训练二　图 4-15　传切配合训练三

## （二）突分配合

突分配合是指持球队员突破对手后，遇到对方补防或协防时，及时将球传给进攻位置最佳的同伴进行攻击的一种配合方法。

当对方采用人盯人防守或区域联防时运用突分配合，可打乱对方的整体防守部署，压缩防区，给同伴创造最佳的外围投篮或篮下进攻机会。

### 1. 突分配合的方法

第一种（见图 4-16），④持球从左侧底线突破❹后，遇到❹补防时，及时传球给横切的⑤投篮。

第二种（见图 4-17），④持球纵向突破❹，当❺补防时，④及时传球给⑤投篮。

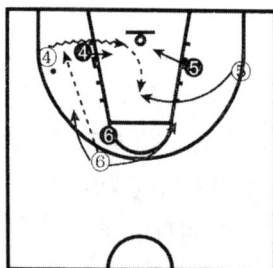

图 4-16　突分配合一　　图 4-17　突分配合二

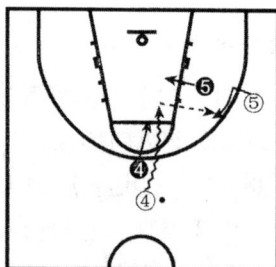

### 2. 突分配合的实战运用提示

第一，队员在突破中动作要快速、突然，在准备投篮的同时，注意观察攻守队员的位置变化，及时、准确地将球传给进攻位置更好的同伴。

第二，当持球队员突破后，其他进攻队员都要摆脱对手，离开原先的位置，切向窄隙区域，准备接球进攻或抢篮板球。

3. 突分配合的训练方法

训练一（见图 4-18）：⑦接④的传球后，沿底线突破，在遇到固定防守队员 ❹ 的阻截时，及时传球给④投篮，⑦抢篮板球并与④交换位置，依次进行训练。

要求：徒手队员可向不同方向移动，持球队员传球动作要隐蔽、及时、准确。

训练二（见图 4-19）：④接⑥的传球后，中路突破，当 ❻ 补防时将球传给⑥投篮，防守队员抢篮板球，④和⑥回原位防守⑤和⑦，依次进行训练。

要求：突破时用身体保护球，无球队员不要过早移动，进攻结束后快速回原位防守，确保训练的连续性。

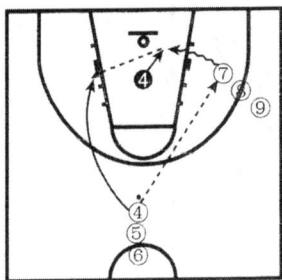

图 4-18　突分配合训练一　　图 4-19　突分配合训练二

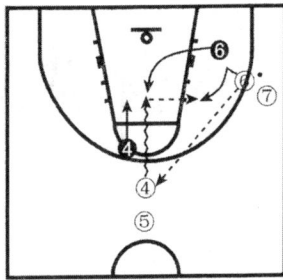

### （三）掩护配合

1. 掩护配合的方法（以侧掩护为例）

侧掩护是指掩护队员站在同伴防守者的侧面进行配合掩护的方法。

（1）持球队员与无球队员之间的侧掩护配合

如图 4-20 所示，⑤传球给④后，移动到 ❹ 身体左侧做侧掩护，④接球后瞄篮或做向左侧突破的动作。当⑤掩护到位时，④立即从右侧贴着⑤的身体运球突破上篮，⑤立即转身切向篮下抢篮板球或接球投篮。

（2）徒手队员之间的侧掩护配合

如图 4-21 所示，⑤传球给④后，向传球的反方向移动为⑥做侧掩护时，⑥先向篮下做压切动作靠近 ❻，然后突然贴近⑤的身体横切接④的球投篮，⑤掩护后转身切入篮下，接④的传球投篮或抢篮板球。

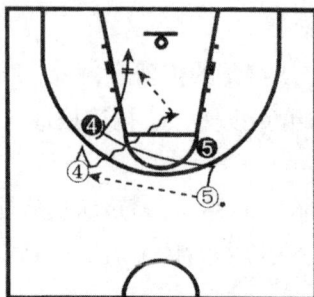

**图 4-20　持球队员与无球队员之间的侧掩护配合**

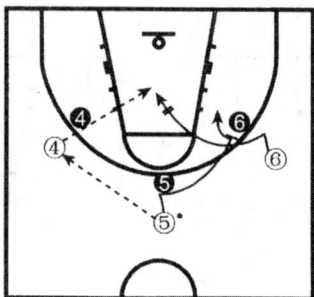

**图 4-21　徒手队员之间的侧掩护配合**

2. 掩护配合的实战运用提示

第一，掩护者应选择正确的掩护位置和动作，掩护一刹那掩护队员的身体是静止的，并与对方队员保持适当的距离，两脚平行开立，两膝微屈，上体微前倾，两臂屈肘放于体侧或交叉放于胸前，有利于自我保护和攻守对抗。

第二，被掩护队员应选择最佳的摆脱角度，以各种进攻动作吸引对方的注意力，隐蔽掩护意图。掩护时被掩护队员身体要靠近掩护者，以防对方挤过。当对方换防时掩护者应立即转身护送，参与进攻。

第三，掩护时同伴之间应掌握好配合时机，根据防守变化，组织中投、突破或内线进攻。

3. 掩护配合的训练方法

训练一（见图 4-22）：训练者分成左右两组，立柱 X 表示固定防守队员。队员⑦给④做侧掩护，④贴近⑦的身体从右侧切入，⑦随之后转身跟进，④、⑦交换位置，然后⑧给⑤做掩护，依次进行训练。

要求：保持正确的掩护动作，掩护者与被掩护者两肩并紧，不留空隙，训练数次后，改变掩护方向。

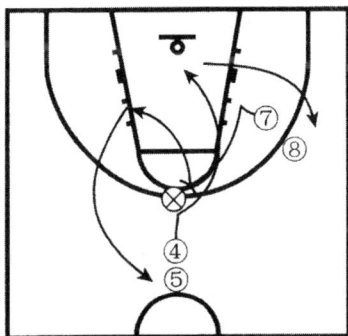

图 4-22 掩护配合训练一

训练二（见图 4-23）：⑦将球传给④，④瞄篮或向左侧虚晃，当⑦掩护到位时，④突然向右运球突破投篮或传球给⑦，⑦后转身跟进准备接回传球或抢篮板球。④、⑦交换位置，依次进行训练。

要求：④突破时不要低头看球，把握好第一进攻机会直接投篮或伺机传球给⑦。

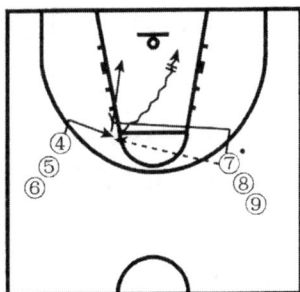

图 4-23 掩护配合训练二

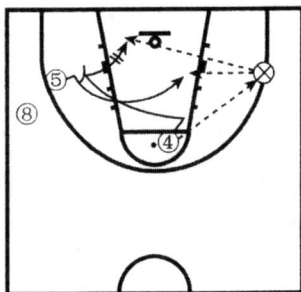

图 4-24 掩护配合训练三

训练三（见图 4-24）：④传球给 X 后，反方向移动为⑤做掩护，⑤横切，④掩护后转身切入篮下，X 将球传给⑤或④投篮，抢篮板球后，④、⑤互换位置，依次进行训练。

要求：④不能过早转身，④、⑤掩护后左右应拉开一定距离，不要在一条线上。

### （四）策应配合

策应配合是指进攻队员背对或侧对球篮接球后，通过多种传球方式与外线队员的空切、绕切相结合，借以摆脱防守，创造各种里应外合进攻机会的配合方法。

策应配合的应用范围较广，可以干扰防守绕切的队员选择正常的防守位置，在进攻半场人盯人防守或区域联防时经常采用。根据策应的区域和位置的不同，策应配合通常可以分为外策应、内策应、高策应、低策应等，配合方法基本相似。

1. 策应配合的方法

（1）中锋外策应配合

如图 4-25 所示，⑤传球给④后，向左侧压切，然后以④为枢纽从右侧绕切，同时策应队员④先做传球给⑤的假动作，然后转身把❺挡在身后，将球传给绕切过来的⑤，⑤接球可以投篮、突破或传给策应后下切的④。

（2）中锋内策应配合

如图 4-26 所示，⑥传球给⑦后向右移动，在策应队员⑦身前与④做交叉绕切，⑦可将球传给绕切的④或⑥，也可自己转身进攻。

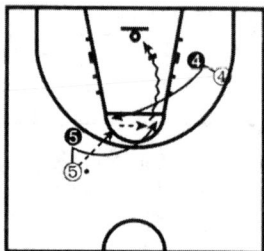

图 4-25　中锋外策应配合　　图 4-26　中锋内策应配合

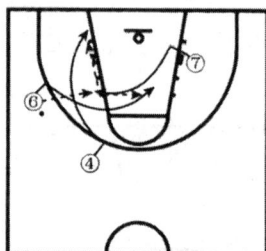

2. 策应配合的实战运用提示

第一，策应队员要突然起动摆脱对手，占据有利的策应位置，采用绕步抢前接球动作，接球时两脚开立，两膝弯曲，两肘外展，用身体保护球。准确判断场上的攻守变化情况，及时地将球传给进攻位置最好的同伴或进行个人进攻。传球后要转身跟进或抢篮板球。

第二，外线的队员传球后，利用起动速度或假动作摆脱防守，接到策应队员的传球后迅速做出最佳选择：投篮、突破或传球。

3. 策应配合的训练方法

训练一（见图 4-27）：训练者分成两组，⑦、⑧、⑨每人一球，当④上提至罚球线时，⑦传球给④，然后向左侧虚晃，再从右侧绕切接④的球，④策应传球后转身下切，⑦可投篮、突破或传球给④，投篮后④、⑦交换位置，依次进行训练。熟练掌握之后再做攻守对抗训练。

要求：策应队员不要站在限制区内，传球要隐蔽、及时、准确。

训练二（见图 4-28）：训练者分成三组，⑤插上接④的球做策应，④、⑥

在⑤身前交叉绕切接⑤的球投篮或突破。⑤传球后纵切篮下抢篮板球，然后按顺时针方向换位，依次进行训练。训练熟练后可做攻守对抗训练。

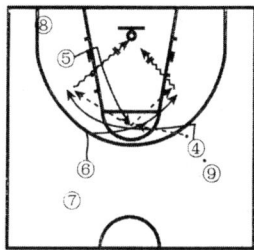

图 4-27　策应配合训练一　　图 4-28　策应配合训练二

要求：策应队员插上要及时到位，采用绕步抢前接球动作，对抗训练时先做二防三，后做三防三，从消极防守到积极防守。

## 二、防守战术基础配合

防守战术基础配合是在篮球比赛中，队员两三人之间为了破坏对方进攻配合所组成的简单配合。防守战术基础配合包括挤过、穿过、绕过、关门、交换、补防和夹击配合等。

### （一）挤过配合

挤过配合是指对方进行掩护时，防守队员在掩护队员接近自己的一刹那，迅速抢前横跨一步贴近自己的对手，并从两个进攻队员之间侧身挤过去，继续防守自己对手的配合方法。

在对方距离球篮较近，外围队员想利用掩护投篮或由于身高的差别而不宜交换防守的情况下，运用主动性很强的挤过配合，可以破坏对方的掩护配合。

1.挤过配合的方法

如图 4-29 所示，⑤为④做掩护，当⑤接近❹的一刹那，❹抢前横跨一步贴近④，并从④和⑤之间主动侧身挤过去继续防守④。

图 4-29　挤过配合

2.挤过配合的实战运用提示

第一，不要过早暴露挤过配合意图，以防止对方反方向切入。

第二，在两个进攻队员身体靠近以前，果断抢步贴近对手，快速侧身挤过。

第三，防守掩护者的队员应站在能够兼顾防守两个进攻队员的位置上，及时提醒同伴注意对方的掩护意图，做好可能换防的准备。

3.挤过配合的训练方法

训练一（见图4-30）：⑥为④做掩护，❹挤过防守后到右路排尾，❺到左路排尾，④、⑥掩护后，④防⑦，⑥防⑤，⑦为⑤做掩护，依次进行训练。

要求：挤过时要积极主动，腰、髋和脚步动作应快速有力，训练数次后改变掩护方向。

训练二（见图4-31）：④传球给⑨，④移动至底线为⑤做掩护，❺挤过防守。⑨将球传给④或⑤。进攻结束后，❹、❺抢篮板球，换位至排尾，④、⑤立即回原位防守⑥和⑦，依次进行训练。

要求：必须采用挤过防守，加快攻守转换速度。

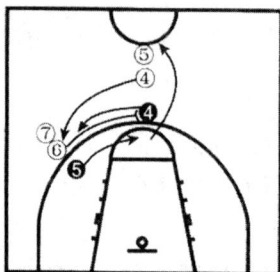

**图4-30 挤过配合训练一**　　**图4-31 挤过配合训练二**

### （二）穿过配合

穿过配合是指当对方进行掩护时，防守掩护者的队员及时提醒同伴，并主动后撤一步，让同伴及时从自己和掩护队员之间穿过去，继续防守自己对手的配合办法。

在对方掩护发生在弱侧区域，距离球篮较远、无投篮威胁、不宜换防的情况下，运用穿过配合可有效地破坏对方的掩护配合。

1.穿过配合的方法

如图4-32所示，④传球给⑤，④反方向移动为⑥做掩护的一刹那，❹主动后撤，让❻从④和❹中间穿过去，继续防守⑥。

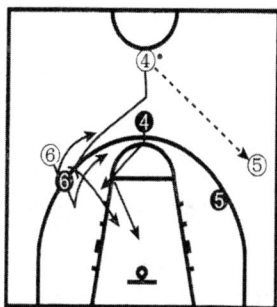

图 4-32　穿过配合

2. 穿过配合的实战运用提示

第一，防掩护队员要及时提醒同伴，并主动后撤一步，留出让同伴穿过的通路。

第二，当对方掩护时，防守被掩护者的队员要撤步侧身，避开掩护队员及时穿过。

3. 穿过配合的训练方法

训练一：穿过配合脚步训练，同挤过配合训练一。

要求：防守队员之间配合默契，动作快速。

训练二（见图 4-33）：④传球给⑥，然后向左侧移动为⑦做掩护时，❹后撤与❼做穿过配合，继续防守自己的对手。完成防守后，抢篮板球换位至排尾，进攻队员④和⑦快速回原位防守⑤和⑧，依次进行训练。

要求：必须采用穿过防守，加快攻守转换的速度。

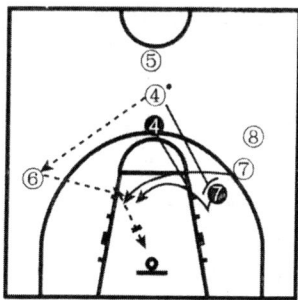

图 4-33　穿过配合训练二

## （三）交换配合

交换配合是指进攻队员做掩护配合时，防守掩护者的队员与防守被掩护者的队员及时主动地交换自己所防对手的配合方法。

只要换防以后的新对手在身高和技术方面无明显的差别，运用交换配合可有效地遏制和破坏对方的掩护配合。交换配合通常在对方进行横向掩护时采用。

1. 交换配合的方法

如图 4-34 所示，⑤将球传给④，⑤为④做侧掩护，④运球突破。此时 ❺ 发出交换防守信号后立即防守④，❹ 随之后撤调整位置，堵住⑤的切入，并准备抢断④的传球。

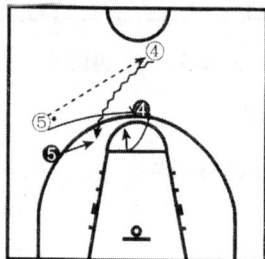

图 4-34　交换配合

2. 交换配合的实战运用提示

第一，防守掩护者的队员应及时发出信号提醒同伴，相互换防堵截进攻队员的攻击路线。

第二，防守被掩护者的队员应及时撤步，在掩护队员转身切入前抢占有利的防守位置。

3. 交换配合的训练方法

如图 4-35 所示，⑥传球给⑧，然后移动到左边为④做横向的底线交叉掩护，此时 ❻ 及时发出信号与 ❹ 交换防守，⑧可将球传给④或⑥，进攻结束后④和⑥立即回原位防守⑤和⑦，依次进行训练。

要求：防守掩护者的队员必须发出信号，通知同伴进行交换配合，攻守转换速度要快，加大训练密度。

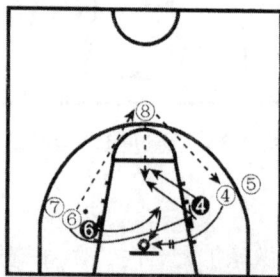

图 4-35　交换配合训练

### （四）夹击配合

夹击配合是指两个以上的防守队员,在对手在场地边角运球或运球停止时,突然快速上前封堵和围夹持球者的一种防守配合方法。

夹击配合是一种主动性、攻击性很强的防守配合方法,能有效地控制持球队员的活动,迫使对手失误,创造断球反击的机会。夹击配合通常在紧逼人盯人防守、区域紧逼防守或带有夹击式的扩大联防战术中运用。

1. 夹击配合的方法

如图 4-36 所示,当⑧在底角运球停止时,❼与❽一起夹击,❹堵防强侧的回传球,❺与❻向有球方向移动准备断球。

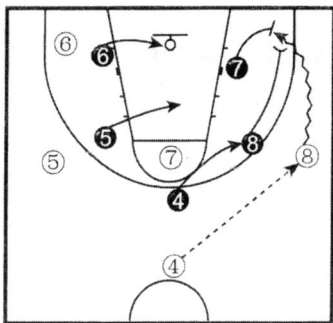

**图 4-36　夹击配合**

2. 夹击配合的实战运用提示

第一,当对手沿边线埋头运球或在场角、中线附近和限制区内运球停止时,是夹击的最好时机。

第二,夹击时两个防守队员的身体要靠紧,两臂垂直上举,随对方的球摆动,封堵其传球。

第三,夹击的目的不是从持球队员手中抢球,而是迫使持球队员传球失误,为同伴创造抢断球的机会,因此应减少夹击时的犯规。

第四,其他队员应积极配合夹击队员的行动,及时封堵近球队员,迫使持球队员传远高球。

3. 夹击配合的训练方法

如图 4-37 所示,④传球给⑤,⑤传给⑥,⑥向底线运球停止后,❻与❺夹击⑥,❹及时防守近球队员⑤,⑥传球给④,防守回原位,依次进行训练。训练数次后,调整防守位置或攻守交换。

要求:严格执行夹击配合的基本要求,快速移动紧逼近球队员。

101

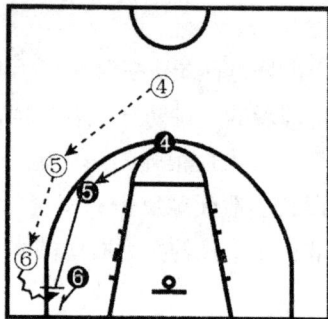

图 4-37　夹击配合训练

### 三、半场人盯人防守战术

半场人盯人防守战术是指由攻转守时，全队有组织地迅速退回后场，在半场范围内，每个防守队员负责盯住一个进攻队员，控制其行动，并协助同伴完成全队防守任务的整体防守战术。

它有分工明确、责任到位、针对性强、便于掌握等特点。在对抗日趋激烈的现代篮球比赛中，运用半场人盯人防守战术能有效地破坏对方进攻时的习惯打法，充分发挥个人的防守能力，调动个人防守的积极性。它是防守战术体系中最常用的战术之一。

根据防守策略和防守范围，半场人盯人防守战术可分为半场缩小人盯人防守（距离球篮 6～7 米的范围）和半场扩大人盯人防守（距离球篮 8～10 米的范围）两种。

#### （一）半场缩小人盯人防守

1. 半场缩小人盯人防守的作用及实战运用时机

它是以加强内线防守、保护篮下为主要目的的防守战术。这种防守战术多用于对方篮下攻击力较强，外围攻击力较弱的球队。它的防区较小，有利于协防、控制内线进攻、抢篮板球和组织快攻反击。

2. 半场缩小人盯人防守方法

（1）强侧、弱侧的防守方法

以球场纵轴线为标准，有球一侧为强侧，无球一侧为弱侧。强侧的防守，对持球队员要紧逼防守，限制其投篮、突破、传球。对于近球者，采用积极的错位防守，不让其接球。弱侧的防守要回撤篮下保护、协防，同时注意抢断高吊球，及时堵截对方的背插和溜底线。

训练一：如图 4-38 所示，持球时，紧逼⑥，❼ 内侧侧前防守⑦，❹ 紧逼防守④，❽ 回缩篮下，防⑥的高吊球及⑧的横切等。❺ 可适当向强侧靠拢。

训练二：如果弱侧队员⑤接球（见图 4-39），❺ 紧逼⑤，❼ 侧前或绕前防守⑦。❹ 错位防守④并准备协防。弱侧的 ❻ 向中锋一侧靠拢，保护中锋，❽ 错位防守⑧的接球或空切篮下。

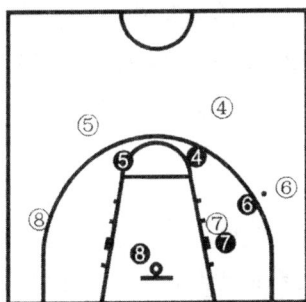

图 4-38　强侧、弱侧防守训练一

图 4-39　强侧、弱侧防守训练二

（2）防掩护进攻的配合方法

当对方进行掩护进攻时，运用挤过防守，尽量不要换防，尤其是中锋与外围队员之间的掩护更是如此。防止出现大防小、小防大的局面。外围无球队员在弱侧区域进行掩护时可采用交换和穿过配合。

训练：如图 4-40 所示，⑥持球，中锋队员④与⑤做掩护时，❹、❺ 不要换防，❺ 绕过掩护队员④继续防守⑤。右边的⑦、⑧掩护时，❼ 全力挤过或从内侧绕过。

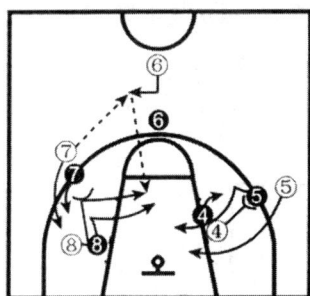

图 4-40　防掩护进攻的配合训练

图 4-41　防中锋进攻的配合训练

（3）防中锋进攻的配合方法

防守中锋进攻的关键是阻止中锋接球。一旦中锋接到球，应及时围夹迫使中锋将球传到外围。

训练：如图 4-41 所示，⑤持球时，❺ 紧逼⑤，❻ 绕前防守中锋⑥，❺

回缩篮下防⑤的高吊球，如果⑥接到⑤的高吊球，❼必须与❻围夹⑥，迫使⑥将球传出。❾回缩篮下防守⑦空切，❽准备抢断⑥的传球。

（4）防移动进攻的配合方法

移动进攻的特点是在球不断转移的过程中，无球队员利用连续掩护和个人技术摆脱防守，连续切入篮下接球进攻。因此，防守时要做到积极移动，选位及时、准确，控制进攻的传球速度，堵截进攻队员的移动路线，延缓其进攻速度，为防守选位争取时间。当进攻队员掩护时，酌情采用挤过、穿过、交换等方法，以破坏对方的进攻配合。

### （二）半场扩大人盯人防守

1. 半场扩大人盯人防守的作用及实战运用时机

当对方外围投篮准确而突破能力及全队的整体进攻配合质量较差时，采用半场扩大人盯人防守战术可有效地遏制对方的习惯打法。这种防守战术有时也用于加强外线防守、切断内外联系，使中锋没有获球机会，从而达到"制外防内"的防守效果。因此，这是一种防守目的明确，主动性、攻击性很强的防守方法。但由于扩大了防区，运动员的体能消耗很大，不利于协防，容易出现漏人现象。

2. 半场扩大人盯人防守的方法

由攻转守时，防守队员应先控制对方的反击速度，迅速退回后场，当持球队员进入前场时，防守队员应立即紧逼防守，减缓其进攻速度，阻止其运球突破。防无球队员应及时选位，以防止对手接球或切入。

训练一：如图 4-42 所示，④持球进入前场后，❹紧逼防守④，控制其进攻速度，严防其突破，❺、❼紧逼和防止接球，❻侧前防守⑥，防止高吊球，❽向篮下回撤，帮助❻协防，并注意④的横切。如④将球传给⑤，则按图示方向选位。

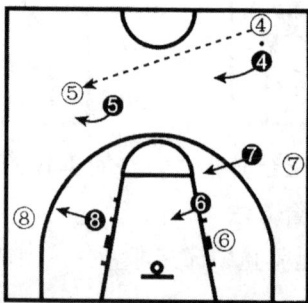

图 4-42　半场扩大人盯人防守训练一

训练二：如图 4-43 所示，当④在中线边角被迫停球时，❻ 果断放弃防守⑥与 ❹ 协同夹击④。此时，❼ 积极向⑥移动补位，准备断球，❽ 向篮下回缩，准备抢断④的传球。

训练三：如图 4-44 所示，当在底线场角被迫停止运球时，❹ 协同 ❼ 在底角夹击⑦，❽ 移动到强侧紧逼防守④并准备断⑦的传球，❻ 向纵轴线附近移动，同时防守⑥和⑧向篮下切入以及随时准备抢断⑦的传球，❺ 向篮下移动防堵⑤横切。

图 4-43　半场扩大人盯人防守训练二　　图 4-44　半场扩大人盯人防守训练三

### （三）半场人盯人防守的实战运用提示

第一，现代型防守要贯彻以人为主的防守原则，对持球队员必须采用平步贴身紧逼防守姿势，扩大防守面积，积极拼抢，不给对方轻易投篮、突破和传球的机会，一旦被对手突破，必须追防。

第二，对无球队员要错位防守，做到人、球、区兼顾，重在敢于堵截其向球移动和空切篮下的路线。

第三，由于防区扩大，比赛的强度增加，要求队员有充沛的体力和良好的意志品质，比赛中要正确观察、判断场上的攻守情况，在防守选位时，要做到"人动我动，球动我动"，在严密控制对手的基础上随时准备协防、补防、夹击、断球以及防掩护等，充分体现防守的主动性和攻击性。

第四，防守分工时，通常以跳球时的站位分工，也可按照强对强、弱对弱、高对高和矮对矮的方法分工，无论怎样都要强调防守的整体性。

## 四、全场紧逼人盯人防守战术

全场紧逼人盯人防守是现代篮球防守战术中人盯人防守体系里最具攻击性和破坏性的战术，是由进攻转入防守时，就区、就地迅速寻找对手，立即展开全场范围内紧逼盯人的一种攻击性防守战术。在比赛中，要求防守队员具有很强的攻守转化意识，在全场始终贴身紧逼自己的对手，积极阻挠对手的行动，切断无球队员的接球路线，积极开展抢位防守，并运用打球、抢球、断球技术，利用堵截、夹击、换防和补防等攻击性防守配合来制造对方带球撞人、失误、违例等。破坏对方有组织的进攻，控制比赛的速度，制约进攻的节奏，力求迅速赢得控球权，争取比赛的主动权。

全场紧逼人盯人防守战术，能充分调动队员的积极性，发挥队员速度快、灵活性好的特长，也是一种利用地面速度来制约高空优势的有效方法。同时，对培养队员顽强的拼搏精神、提高队员的身体素质和促进技术的全面发展都有重要的作用。由于全场紧逼人盯人防守战术要在全场展开激烈的争夺，防守面积扩大，防守队员分散，容易出现漏洞，特别是漏人以后，难以组织集体协防的力量。所以，要增强队员个人防守的责任感和提高全队防守的能力，提高全队协同作战的意识。

### （一）全场紧逼人盯人防守的方法

全场紧逼人盯人防守战术是在全场范围内与对手展开激烈的对抗与争夺，全场中不同场区的防守任务也有所不同。

全场分前场、中场、后场三个防区，如图 4-45 所示。

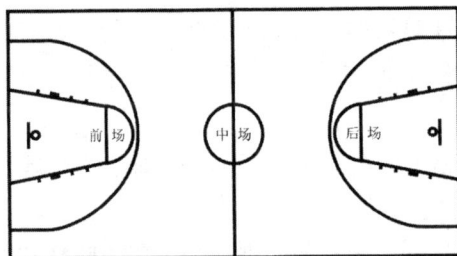

**图 4-45　全场场区划分**

1. 前场紧逼人盯人防守方法

前场防守是全场紧逼人盯人防守的重要阶段，也是防守的第一道防线。在前场必须采取以夺取球为目的的防守策略，要求队员由攻转守时，有目的地快速找到自己的防守对手，立即进行紧逼，迫使对方减慢推进速度，选择有利于断球和夹击的位置，并造成强大的声势，给对方施加压力，迫使对方失误和违例。

（1）对方掷端线界外球的防守方法

一对一的紧逼防守方法：如图 4-46 所示，④掷端线界外球，❹ 紧逼④，积极挥动双臂，封堵其传球角度，并争取截球。❺、❻、❼、❽积极堵截各自防守的对手的接球路线，迫使④发球失误或 5 秒违例。

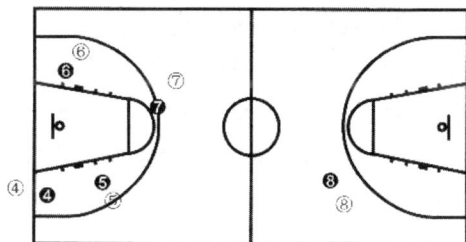

图 4-46　一对一的紧逼防守

夹击接应队员的紧逼防守方法：这种方法主要用于防守对方技术全面、控球能力强、善于接球后组织进攻的队员。如图 4-47 所示，迫使④将球传给控球能力较差的队员，以利于组织攻击。❹放弃对④的防守，去协助❺夹击技术全面的接应队员⑤。❹背对或侧对④，❺面向⑤正面接球，站在⑤前面或侧后方，防止⑤接④的长传球快攻。❻、❼、❽除控制接球外，还要根据场上的变化，及时调整防守位置，注意补防或断球。

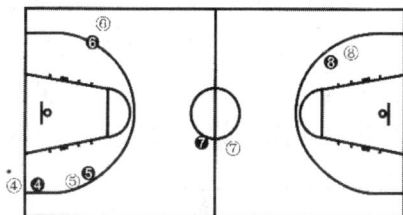

图 4-47　夹击接应队员的紧逼防守

机动夹击的紧逼防守方法：这种方法主要是诱使对方按照本队防守竭力做第一传，以便进行抢断或夹击。如图 4-48 所示，当④掷界外球时，❹主动放弃，充当"游击队员"，可站在两个接球队员的前面，也可站在后面。❹要判断④的传球方向，及时移动进行断球或与❺、❻协同夹击接球的⑤或⑥。❼和❽应在⑦和⑧的侧方错位防守，随时准备断长传球和补防。如果对方已将球掷进场，而夹击、抢断又未成功，❹和其他队员应及时调整位置，进行紧逼人盯人防守。

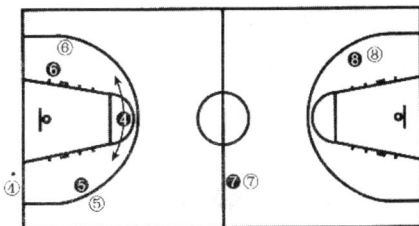

图 4-48　机动夹击的紧逼防守

（2）投篮未中对方抢获篮板球时的防守方法

当本方投篮未中，被对方抢获篮板球时，应立即展开防守，一般由就近队员防守对手。如图4-49所示，本方投篮未中，对方抢获篮板球时，邻近的⑦立即上去紧逼❼，❻紧逼插中路的❺，❽防❽，④、⑤防守快下的❻和④。

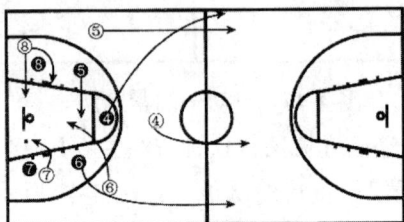

**图4-49  投篮未中对方抢获篮板球时的防守**

（3）对方在后场边线掷界外球时的防守方法

当对方在后场边线掷界外球时，一般不去紧逼掷界外球者，而采用夹击接应队员的方法防守。如图4-50所示，当对方④掷界外球时，❹和❻夹击防守距球最近、最有可能接球的❻，其他队员要及时抢占有利的防守位置，切断各自对手的接球路线，尽量延误对方的发球时间，并随时准备抢断球，造成对方违例和失误。如果球已掷入界内，❹应及时调整位置，仍防守④。

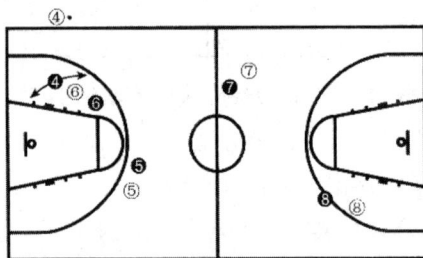

**图4-50  对方在后场边线掷界外球时的防守**

2.中场紧逼人盯人防守方法

如果前场一线的防守未达目的，立即展开中场争夺。中场争夺时要加强中路的防守，迫使对方沿边路运球或传球，制造夹击机会，破坏对方进攻。在中场争夺时，防守队员要高度默契，积极主动进行夹击、抢防、换防、补防等配合，以提高集体协防的质量，取得更好的效果。

（1）组织夹击与补防配合

如图4-51所示，⑤接球后突破，❺堵中线，迫⑤沿边线运球向前推进。此时，❼大胆放弃防守⑦迎上堵截⑤，并迫使⑤在中线边角停球，与❺夹击⑤。❽补防⑦，❻补防⑧，❹向⑥移动，并随时准备切断⑤传出的球。

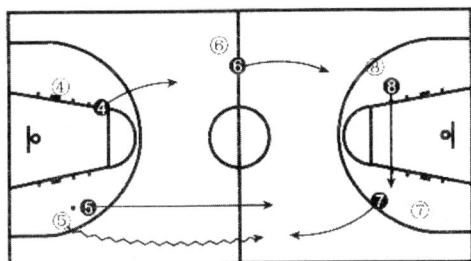

**图 4-51 组织突击与补防配合**

（2）防掩护配合

防有球队员的掩护时，力争抢过防守，不得已才交换防守；防无球队员的掩护时，可采用穿过防守，以破坏掩护进攻。

（3）防中线附近策应配合

中线附近的策应配合是破坏全场紧逼把球推进到前场的有效方法。因此，应及时识破对手的意图，抢先防守策应队员，切断其策应路线，破坏其配合。如图 4-52 所示，当⑤中路运球遇阻时，⑧企图迎上策应，❽发现⑧的意图立即抢前防⑧，断⑧的移动路线，截断⑤给⑧的传球。如果⑧接到球，❻、❹、❺则要迅速后撤，防止⑥、④、⑤空切，❽要迫使⑧向边线运球，❻看准时机协助❽夹击⑧，❼要切断插上做策应和空切篮下的接球移动路线。

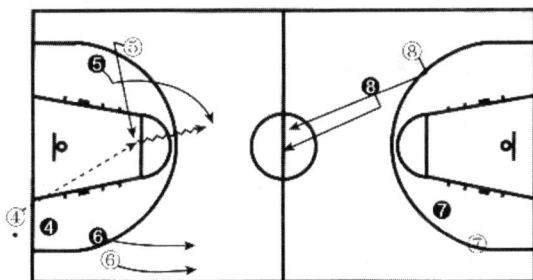

**图 4-52 防中线附近策应配合**

**（二）全场紧逼人盯人防守战术的实战运用时机**

常见的时机：突然改变战术，出其不意、攻其不备，以扩大战果或挽回败局时；身材矮小，但速度快、灵活性较好的队，与身材高大的队比赛，为摆脱篮下被动局面时；对方中投准，但控球能力和突破能力较差，不善于进攻时；对方体力较差，为消耗对方体力时。

### （三）全场紧逼人盯人防守战术的实战运用提示

第一，统一思想，统一行动，积极主动，加强协作。

第二，由攻转守，要迅速就近找人，抢占有利的防守位置，紧逼自己的对手，同时注意场上情况，及时协防。

第三，防守无球队员时，以控制对手接球为主，要及时抢占有利的防守位置，迫使对手向远离球的方向移动；当同伴被突破时，要果断地进行堵截和补防。

第四，防守运球的队员，首先不让对方突破，若被对方突破，也要尽量做到堵中放边，迫使对手沿边线运球并在边角停球，制造夹击机会。防掩护配合时，力争抢过和穿过防守，尽量减少交换防守。

第五，要设法诱使对手长传或高吊球，制造抢断球机会。

## 五、快攻战术

快攻是由防守转入进攻时，以最快的速度、最短的时间在对方尚未部署好防守之前，创造人数上、位置上的优势，果断而合理地进行攻击的一种快速进攻战术。

快攻最能体现篮球运动快速、灵活、全面、准确的特点，它对培养篮球运动员积极主动、勇猛顽强的作风，提高身体素质水平，全面发展快速的基本技术都具有促进作用。

### （一）快攻战术的特点和基本要求

1.快攻战术的特点

第一，每名队员都有较强的快攻意识和熟练的快速进攻技术，参加的人数多，接应点多，一传距离远，快下的速度快，一对一的能力强。

第二，快攻结束时，常采用跳投和组织中远距离投篮及"一传一扣"的空中接球直接扣篮，行进间投篮已不再是唯一结束快攻的手段。

第三，快攻受阻时，审时度势，不失时机地掌握和运用攻击节奏，将快攻与衔接段进攻和阵地进攻有机地结合起来，充分体现进攻的攻击性和连续性。

2.快攻战术的基本要求

第一，提高快攻战术意识，不放过任何一个快攻时机，积极主动组织发动快速反击。

第二，由守转攻时，要起动快，及时分散，保持合理的位置和跑动路线，做到前后层次有序，左右相互照应。

第三，抢获球的队员要由远及近观察全场情况，及时将球传送到最佳快攻点上，减少传球和运球。

第四，快攻一旦受阻，其他队员要及时接应跟进，不要轻易放慢进攻速度。

第五，当快攻不成时，要加强快攻与阵地进攻的衔接，迅速转入阵地进攻。

### （二）快攻战术方法

1. 长传快攻

长传快攻是队员在后场获球后，用一次或两次传球把球传给快下的同伴进行攻击的一种方法。这种快攻只有发动和结束两个阶段，特点是时间短、速度快、战术组织简单。但要求快下队员意识强、速度快，发动队员传球要及时、准确、视野开阔。长传快攻的组织结构主要有以下几种：

（1）抢篮板球后长传快攻

如图 4-53 所示，⑤抢到篮板球后，迅速观察场上情况，寻找长传快攻机会。⑧和⑦判断⑤可能抢到篮板球时，立即快下，超越防守队员接⑤的长传球上篮。

抢得篮板球后也可通过接应发动长传快攻。如图 4-54 所示，当⑤抢到篮板球后⑦和⑧已经快下，但由于受到❺的严密防守，⑤不能及时长传，此时可立即将球传给⑥，⑥接应后再迅速长传给快下队员投篮。

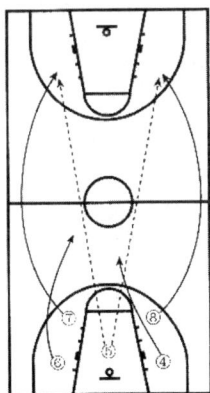

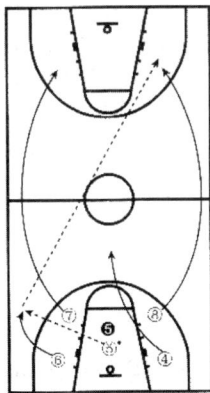

**图 4-53　抢篮板球后长传快攻　　图 4-54　抢篮板球后通过接应发动长传快攻**

（2）掷后场端线球长传快攻

如图 4-55 所示，当对方投中篮后，离球近的⑥立即捡球跨出端线，迅速掷界外球，快速将球长传给快下的④或⑤投篮。

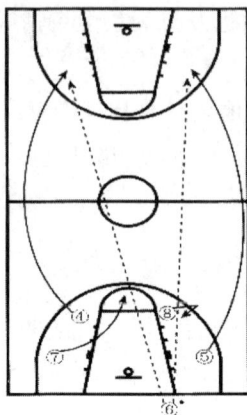

图 4-55　掷后场端线球长传快攻

（3）断球长传快攻

如图 4-56 所示，**7** 断获⑥的传球后立即将球传给快下的 **6** 或 **5** 投篮。

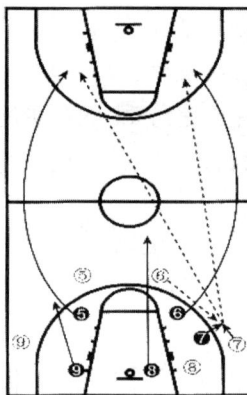

图 4-56　断球长传快攻

2. 传球与运球结合的快攻

传球与运球结合的快攻可分为三个阶段展开。

（1）发动与接应阶段

发动与接应是快攻的重要环节，特别是由守转攻后，队形分散和一传的速度是非常重要的。因此，控制球的队员要有发动快攻的意识，能全面观察场上情况，并迅速、及时、准确地进行第一传，接应队员应迅速摆脱防守，及时选择有利位置，如前场罚球线附近及其两侧边线、中场两侧边线或本队习惯的接应点等。接应后必须快速、合理地向前场传球推进。

快攻的接应分固定接应和机动接应两种。固定接应又包括固定地区固定队员的接应、固定地区不固定队员的接应、固定队员不固定地区的接应等形式。机动接应是指防守队抢到篮板球后，根据对方的具体情况，谁处于有利的接应位置就将球传给谁。这种接应，不易被对方发现，机动灵活，更能争取时间。

快攻的发动与接应形式包括：抢篮板球后快攻的发动与接应、断球后快攻的发动与接应、跳球后和掷后场端线界外球快攻的发动与接应。

（2）快攻的推进阶段

快攻的推进阶段是指快攻发动与接应后，至快攻结束前中场配合的阶段。在推进过程中，全队队形要迅速地按层次散开，5名队员应保持前后、左右的纵深队形，以便快速顺利地完成推进任务。

推进的形式有传球推进、运球推进、传球与运球结合推进等形式。

传球推进是指队员间运用快速传球向前场推进。这种推进特点是速度快，对队员行进间传接球的技术要求高。推进过程中队员间要保持纵深队形，无球队员要积极摆脱防守，并随时准备接球；有球队员要判断准确、传球及时，尽量斜传球，避免横传球。

运球推进是指接应队员接球后立即快速向前场运球突破。运球推进中要随时观察场上情况，及时将球传给快下的同伴，以免影响快攻的速度。

传球与运球结合推进是根据场上情况，及时快速向前场推进，机动性大，在推进过程中能传就不运，不能传就要立即快速运球突破，以保持推进的速度。

（3）快攻的结束阶段

快攻的结束阶段是指快攻推进到前场最后完成攻击的阶段，此阶段是快攻成败的关键。快攻结束阶段要求进攻队员对防守的意图加以预测和判断，并及时、果断选择进攻点，顺利完成进攻。快攻结束阶段要求持球队员判断准确、传球或投篮及时果断，无球队员要占据有利位置，伺机接球投篮，积极冲抢篮板球或补篮。

快攻结束阶段一般有以下几种配合方法。

第一，二攻一配合。

训练一：利用快速传接球投篮。如图4-57所示，⑦和⑧在快速传球推进，❹突然前来防守⑧时，⑧及时把球传给切入篮下的⑦投篮。

训练二：突破分球投篮。如图4-58所示，⑧快速突破，❹前来堵截，⑧及时将球传给⑦投篮。

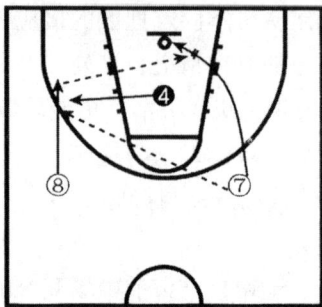

图 4-57　二攻一配合训练一

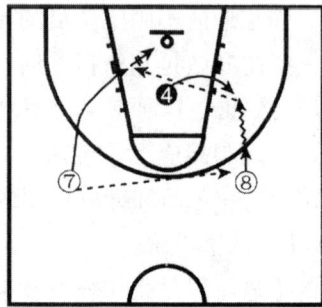

图 4-58　二攻一配合训练二

第二，三攻二配合。

三攻二时，左右两侧的快下队员要拉开，中间队员应占据偏后的位置，保持三角纵深队形，以扩大攻击面，并根据防守情况，选择进攻路线，增加防守的压力。

训练一：防守队员平行站位时的进攻方法。如图 4-59 所示，⑥中路运球突破，❹上前堵截，⑥立即将球传给切入篮下的⑦投篮。

训练二：如⑦接球后又遇到❺堵截（见图 4-60），⑦立即将球传给⑧投篮。

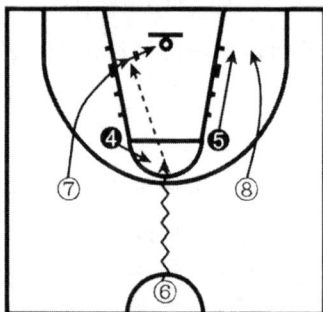

图 4-59　三攻二配合训练一

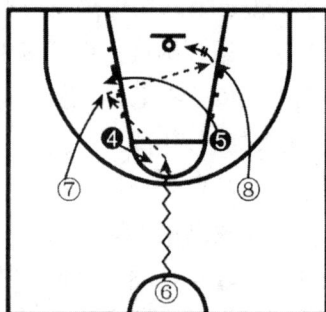

图 4-60　三攻二配合训练二

训练三：防守队员前后站位时的进攻方法。这种防守站位，中路防守力量比较强，因此进攻队员应从两侧发动进攻。如图 4-61 所示，⑥运球推进到前场后，把球传给⑦，⑦快速向篮下运球切入，❺前来堵截，⑦可及时将球传给⑧投篮。

训练四：防守队员采用二人斜线站位时的进攻配合方法。当防守队员采用二人斜线站位时，进攻队员可以从中路运球开始攻击。如图 4-62 所示，⑥从中路运球突破，❹前去堵截，⑥及时将球传给切入篮下的⑧投篮。

114

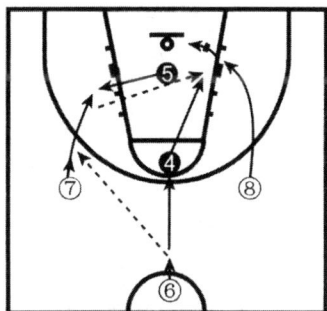

图 4-61　三攻二配合训练三　　　　图 4-62　三攻二配合训练四

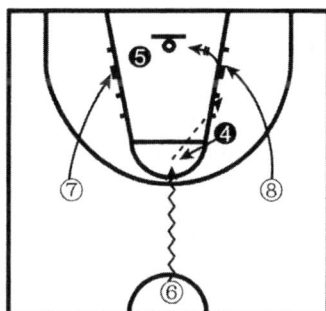

第三，人数相等时的配合方法。

在快攻结束阶段处于攻防人数相等状态时，利用区域的优势在对方立足未稳时进行攻击。在进攻中常用突分、传切、掩护、策应等配合造成局部以多打少的攻击局面。

3. 个人运球突破快攻

个人运球突破快攻是指个人抢断球或抢获篮板球后，抓住战机，快速运球超越对手直攻篮下得分的快攻方式。

# 第五章　排球运动

## 第一节　排球运动基本技术

排球运动的基本技术是指在排球规则允许的条件下，符合人体运动科学原理，能充分发挥身体潜在能力，合理而有效的各种特定的击球动作的总称，是排球运动的基础和主要组成部分。排球技术主要由手法和步法两部分组成。排球的基本技术动作包括准备姿势与移动、发球、垫球、传球、扣球和拦网。除准备姿势和移动外，每项排球技术都由击球前动作、击球动作和击球后动作组成。

### 一、准备姿势和移动

准备姿势和移动是排球的无球技术，是完成发球、垫球、传球、扣球和拦网等各项有球技术的前提和基础。

#### （一）基本技术

1. 准备姿势

准备姿势是在进行移动和各种击球动作前所做的合理的身体姿势。它可以为移动和击球做好准备，为更快捷、准确地完成击球动作创造条件。按照身体重心的高低，准备姿势可分为半蹲准备姿势、稍蹲准备姿势和低蹲准备姿势三种。半蹲准备姿势用于接大力发球和扣球；稍蹲准备姿势用于来球速度较慢、弧度较高的传球、垫球和准备接应的助跑；低蹲准备姿势用于防守靠近球网的球和拦网。

（1）半蹲准备姿势

动作方法：两脚前后或平行开立，比肩稍宽，脚尖适当内收，脚跟稍提起，两膝关节弯曲，膝部的投影线落在脚尖上，上体前倾，重心靠前。两臂放松自然弯曲，双手置于腹前，注视来球，两脚微动，全身处于待发状态，如图5-1所示。

图 5-1　半蹲准备姿势

动作要领：屈膝提踵，含胸收腹，微动。

（2）稍蹲准备姿势

稍蹲准备姿势比半蹲准备姿势重心稍高，动作方法相同，如图 5-2 所示。

图 5-2　稍蹲准备姿势

（3）低蹲准备姿势

两脚前后、左右距离要更宽一些，两脚跟提起，后脚跟稍高，身体的重心落在两脚的内侧，两膝弯曲度要比前两种准备姿势大，近似全蹲，手臂前伸或置于胸腹前，如图 5-3 所示。

图 5-3　低蹲准备姿势

2. 移动

移动是指从起动到制动之间的人体位移。移动的作用是及时接近球，保持好人与球的位置关系，以便合理完成击球。是否能及时地移动到位，是完成技术的关键。移动是由起动、移动步法和制动三部分构成的。

（1）起动

动作方法：在准备姿势的基础上，迅速收腹，使身体重心倾向移动方向，同时异侧腿迅速蹬地，使整个身体急速向来球方向起动。

动作要求：抬腿蹬地，破坏平衡。

（2）移动步法

并步与滑步：（以向前为例）后腿蹬地，前脚向来球方向跨出一步，后腿迅速跟上做好击球准备。连续并步就是滑步，当来球距身体一步左右时可采用。

交叉步：（以右交叉为例）上体稍向右转，左脚从右脚前面向右交叉迈出一大步，同时身体转向来球方向，保持击球前的姿势，如图 5-4 所示。

图 5-4　交叉步

（3）制动

制动是移动的结束，也是击球动作的开始。在快速移动后，为了保持稳定的击球姿势，必须经过制动，克服身体移动的惯性，以便完成下一个击球动作。常用的制动方法主要有两种。

①一步制动法。一步制动时，在移动最后跨出一大步，同时降低重心，膝部和脚尖适当内转，全脚掌横向蹬地，以抵住身体重心继续移动的惯性力，同时以腰腹力量控制上体，使身体重心的垂直线停落在脚的支撑面以内。

②两步制动法。即从倒数第二步开始做第一次制动，紧接着跨出最后一步做第二次制动。

（二）练习方法

①原地跑步，听到或看到信号后立即做半蹲准备姿势。

②围着圆圈跑步，听到口令后，向前跨出一步做半蹲准备姿势。

③两脚开立，听口令向前、后、左、右做一步、两步的移动。

④在排球网下做 3 米或 6 米的横向往返移动。

⑤面对球网，做交叉步和滑步练习。

⑥结合球移动练习：两人一组，间隔 2～3 米，一人抛球（前、后、左、右），另一人移动对准球，双手在脸前上方接住球，连续进行若干次后交换；两人间隔 6 米，各拿一球，同时把球滚动向对方体侧 3 米左右处，接住球后再滚回给对方，连续进行若干次。

## 二、发球

发球是比赛的开始，也是进攻的开始。发球可以直接得分或破坏对方的进攻战术，可以起到先发制人的作用。而发球失误将直接失分。发球技术可分为正面上手发球、正面上手发飘球、勾手发飘球、正面下手发球、侧面下手发球、跳发球和高吊球等。下面介绍几种发球技术动作（以右手发球为例）。

### （一）基本技术

1. 正面上手发球

采用正面上手发球时，发球队员由于面对球网，便于观察对方，发球的准确性大，落点容易控制，并能充分地利用转体、收腹动作带动手臂加速挥动，运用手腕的推压作用，可以加大力量和加快速度，具有一定的攻击力，如图 5-5 所示。

**图 5-5　正面上手发球**

①准备姿势：队员面对球网，两脚自然开立，左脚在前，右脚在后，左手持球于体前。

②抛球：用抬臂和手掌的平托上送，将球平稳地垂直抛向右肩前上方（也可用双手抛球），高于击球点 2～3 球的位置。

③挥臂击球：球抛起的同时右臂抬起，屈肘后引，肘部与肩平，手掌自然

张开，上体稍向右侧转动；抬头、挺胸、展腹，重心移向右脚。利用蹬地使上体向左转动，同时收腹，带动手臂挥动。手臂挥直在右肩的前上方最高点，以全手掌击球的后中下部。击球时，手指自然张开与球吻合，手腕迅速、主动地做推压动作，使球呈前旋飞行。击球后，重心随之前移，迅速进场比赛。

正面上手发球动作要领：送抛右肩前上方，垂直上抛 1 米远；转体收腹带挥臂，弧形鞭打加速快；全掌击球中下部，手腕推压上旋强。

### 2. 正面上手发飘球

这是一种发球时不使球产生旋转，而使球不规则地向前飘晃飞行的发球方法。这种球使接发球队员难以判断球的飞行路线和落点。发球队员由于面对球网站立，便于观察瞄准，准确性较高，容易寻找对方的弱点，如图 5-6 所示。

**图 5-6　正面上手发飘球**

①准备姿势：队员面对球网，两脚自然开立，左脚在前，右脚在后，左手持球于体前。

②抛球：用抬臂和手掌的平托上送，将球平稳地垂直抛向右肩前上方（也可用双手抛球），高度适中。抛球比正面上手发球稍低、稍靠前些，便于手臂向前用力击球。

③挥臂击球：与正面上手发球一样做鞭甩动作，但击球前手臂的挥动轨迹不呈弧形，而是自后向前做直线运动。击球时五指并拢，手腕稍后仰，用掌根平面击球体中下部，作用力通过球体重心，不使球旋转。击球瞬间，手腕、手指紧张，手形固定，不加推压动作。击球结束，手臂要有突停动作并迅速入场比赛。

正面上手发飘球动作要领：击球点靠前，挥臂呈直线，掌根击重心，突停球不旋。

### 3. 勾手发飘球

这种发球和上手发飘球一样，发出的球不旋转而在空中飘晃不定，给接发球队员造成较大的困难，同样具有较强的攻击性。发球队员由于采用侧面站位，可充分利用腰部扭转带动手臂加速挥动，使肩关节负担较小，所以较适用于远距离发飘球。

①准备姿势：体侧对网，两脚自然开立，左手持球于胸前。

②抛球：左手采用托送动作，将球平稳地抛在左肩前上方约一臂的高度。

③挥臂击球：击球时，右脚蹬地，上体向左转动发力，带动手臂挥动，挥动时手臂伸直，在右肩的左上方，用掌根击球的后中下部，抛球和击球动作要协调，紧密衔接。在击球前，突然加速发力。挥臂时，手臂的挥动轨迹不能始终是弧形，而应在击球前的一段过程中，保持直线运动。击球点稍靠左，手触球瞬间，五指并拢，手腕后仰，并保持紧张。击到球后手臂挥动要有突停动作并迅速进入场内比赛。

勾手发飘球动作要领：抛球不宜高，抛击要协调；击球不屈腕，突停容易飘。

4. 正面下手发球

这种发球动作简单易学，准确性高，但速度慢，攻击性不强，适用于初学者，如图 5-7 所示。

①准备姿势：面对球网，两脚前后开立，左脚在前，两膝微屈，上体稍前倾，重心偏右脚，左手持球于腹前。

②抛球：左手将球垂直上抛至右肩的前下方，离手约 20 厘米。在抛球之后，右臂伸直以肩为轴后摆，身体重心适当后移。

③击球：借右脚蹬地的力量，身体重心随着右手向前摆动击球而移到前脚上。在腹前高度用全掌、掌根或虎口击球的后下方。手触球时，手指、手腕紧张，手成勺形握球。击球后，随着击球动作，重心前移，迅速进场比赛。

**图 5-7 正面下手发球**

正面下手发球动作要领：抛球刚离手，摆动肩为轴；击球不屈肘，掌根部击球。

5. 侧面下手发球

侧面下手发球动作简单易学，发球失误少，但攻击性不强，适合女生初学者使用，如图 5-8 所示。

①准备姿势：左肩对网站立，两脚左右开立与肩同宽，两膝微屈，上体稍前倾，左手持球于腹前。

②抛球：左手持球由小腹前高度将球垂直上抛至身体的下前方，离手高度约 30 厘米，离身约一臂距离，同时右臂摆至右侧后下方。

③击球：抛球引臂后，利用右脚蹬地和向左转体的动作，带动右臂迅速向前挥动，在体前腹部高度用虎口或全掌击球后下方。击球后，身体应转面向球网，并顺势入场。

图 5-8　侧面下手发球

**（二）练习方法**

1. 徒手模仿练习

按照动作要领，做徒手模仿练习，或做击打悬吊在适当高度的固定球练习。体会身体的协调用力和挥臂路线以及击球时手的感觉。

2. 抛球练习

左手持球上抛，根据发不同性能的球，抛球的高度和落点要合适。要求平稳向上将球抛起，使球不旋转。

3. 发球练习

①不隔网或对墙的发球练习。间隔 10 米左右，不隔网发球或对墙发球，要做完整的发球动作，注意抛球和挥臂击球的配合，并击中球。体会发球时抛球与击球的手臂挥动配合。

②隔网发球练习。两人一组，互相发球。距离要由近到远，动作要正确，用力不要过大，要保持正确的击球点和击球部位。体会击球用力和动作的连贯性。

③发球区发球过网练习。站在端线后练习发球，用力要适当，对准击球。

④发球比赛。每人轮流发相同数量的球，评比发球的成功率与准确性（发中某一区域），提高学生的学习兴趣。

### 三、垫球

垫球主要用于接发球、接扣球、接拦网球。按动作方法可分为正面双手垫球、体侧垫球、挡球等。

### （一）基本技术

**1. 正面双手垫球**

①准备姿势。根据球的落点，迅速移动呈半蹲姿势站立。

②手形。当球接近腹前时，两手掌根紧靠，两手手指重叠后合掌互握，两拇指平行，手腕下压，两臂外翻形成一个平面，如图 5-9 所示。

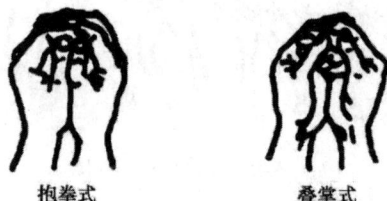

抱拳式　　　　　　叠掌式

**图 5-9　正面双手垫球手形**

③击球。当球距腹前一臂距离时，两臂夹紧前伸插到球下，向前上方蹬地抬臂，垫击球的后下部，身体重心随击球的动作前移。

④用力。主要靠手臂上抬力量增加球的反弹力，同时配合蹬地、跟腰动作，使重心向前上方移动。两个手臂要适当放松，便于灵活控制垫球的方向和力量。

⑤垫球部位。应保持体前击球，抛球时用前臂肘关节以上 10 厘米左右桡骨内侧平面为宜，如图 5-10 所示。

**图 5-10　正面双手垫球部位**

⑥手臂角度。根据来球的角度和要垫出的方向，运用入射角与反射角原理，调整手臂与地面的角度和转动左右手臂平面来控制垫球方向，如图 5-11 所示。

**图 5-11 正面双手垫球手臂角度**

2. 体侧垫球

球正向体侧飞来、队员来不及接球时,可用双臂体侧垫球。如球向左侧飞来,右脚掌内侧蹬地,左脚向左跨出一步,重心移至左脚上,右臂弯曲夹紧向左侧伸出,肩微向下倾斜,用向后转腰收腹的动作,配合两臂自左后方向前截住飞行的球,用两前臂垫击来球的后下部,切忌随球向左侧摆臂击球,这样会造成球飞向侧方,如图 5-12 所示。

**图 5-12 体侧垫球**

3. 滚翻垫球

做滚翻垫球时,应快速向来球方向移动,跨出一大步,重心下降并落在跨出脚上,上体前倾,双臂伸向来球方向。同时,两脚继续用力蹬地,使身体向来球的落地点方向腾出,用小臂、虎口或手腕部分击球的下部。击球后脚尖内转,大腿外侧、臀部侧面、背部、跨出腿的异侧肩部依次着地,然后按顺序低头、收腹、团身做单肩后翻成低蹲姿势。

4. 单手垫球

当来球速度快或距离远,来不及用双手垫球时可采用单手垫击。单手垫球的优点是动作快,控制范围大。缺点是击球面小,控制能力差,多在无法用双手垫球的情况下使用。

单手垫球的手法可多种多样,在体侧宜用虎口或小臂击球,在体前可用手背平面击球。击球时,手臂要伸直,有抬击动作,把球垫起。体前的低球用手掌也可以，手腕应保持紧张，不宜屈腕。体侧的单手垫球方法是一脚迅速向侧前方跨出一大步，重心移至跨出的腿上，迅速伸出跨出腿的同侧臂，击球的后下部，如图5-13所示。

图 5-13 体侧单手垫球

5. 背向垫球

大多用于接应同伴垫飞的球或将球处理过网。由于背对垫球方向，所以不便于观察目标和控制击球方向及落点。

背垫时，首先判断来球的落点、方向和离网的距离，迅速移动到球的落点处，背对出球方向。两臂夹紧伸直，插到球下。击球时，蹬地、抬头挺胸、展腹，直臂向后上方摆动击球。在垫低球时，也可利用屈肘、翘腕动作，以虎口处将球向后上方垫起，如图5-14所示。

图 5-14 背向垫球

6. 低姿垫球

当来球很低，落点在身体前面一步距离时，队员深蹲降低身体重心，双手贴近地面向上垫击球。

前脚尖指向垫出方向，后脚跟离地，后腿大小腿贴紧，上体前倾，两腿要低于膝关节，两肩自然下垂向前压低，手臂贴近地面插到球下，肘部尽量下降并置于膝部内侧，双手合拢，用前臂或虎口上部击球后部，垫击时重心随球上升，给力恰如其分。如果是大力来球，要稍有后撤缓冲动作；来球力量小时，可以用屈肘、翘腕动作将球垫起，如图5-15所示。

图 5-15　低姿垫球

7. 挡球

当来球较高，不便于用手臂垫击时，用双手或单手在胸部以上挡击来球的击球动作，称为挡球。挡球可分为双手挡球和单手挡球。双手挡球多用于挡击胸部以上力量大、速度快的来球；单手挡球多用于挡击较高、力量较轻、在头部上方或侧上方的来球。

动作方法如下：

①双手挡球：手形有两种，一种是抱拳式，两肘弯曲，一手半握拳，另一手外包；另一种是并掌式，两肘弯曲，两虎口交叉，两臂外侧朝内，合并成勺形。挡球时手臂屈肘上举，肘部向前，手腕后仰，用双手手掌外侧和掌根组成的平面挡击球的后下部，击球瞬间手腕要紧张，用力适度，如图 5-16 所示。

图 5-16　双手挡球

②单手挡球：挡球时，手臂屈肘上举，肘部向前，手腕后仰，用掌根或拳心平面击球的后下部，击球瞬间手腕要紧张，如图 5-17 和图 5-18 所示。如来球较高，还可跳起挡球。

127

图 5-17　单手挡球

图 5-18　单手挡球手形

（二）练习方法

①徒手模仿和垫固定球练习。原地模仿完整的垫球动作；1 人持球于腹前，另 1 人（前、后、左、右）移动做完整的垫球动作。

②自垫球练习。单人持球，自抛自垫。尽量把球控制在一定高度，或对墙垫球。

③垫击抛来的球练习。2 人一组，一抛一垫。尽量固定抛球的高度、速度及落点。掌握垫球动作后，可要求练习者前、后、左、右移动后仍做正面垫球。

④对垫球练习。2 人一组，相隔 3～4 米，做原地对垫球练习。

⑤隔网的移动垫球练习。站在球网的两侧，移动做垫击来球的练习，要求将球垫到对方场地。

## 四、传球

传球是排球运动中最基本、最重要的一项技术。传球由准备姿势、迎球、击球、手形、用力 5 个部分组成，其中较难掌握的是触球时的手形。触球时手形正确与否直接影响手控制球的能力和传球的准确性，对初学者来说，掌握了正确手形才能保证击球点正确和较好地运用手指、手腕的弹力。传球可分为正面传球、背传球、侧传球、跳传球等，正面传球是最基本的传球方法，传球技术学习必须从正面传球开始。

（一）基本技术

1. 正面传球

①准备姿势：看清来球，迅速移动到球的落点，正对来球，两脚左右开立，约同肩宽，左脚稍前，后脚脚跟稍提起，两膝微屈，上体稍前倾。两臂弯曲置于胸前，两肘自然下垂，两手成传球手形，眼睛注视来球方向。

②击球点：击球点在额前上方约一球距离处。

③传球手形：当手触球时，手腕稍后仰，两手自然张开，手指微屈成半球状。两拇指相对成"一"字形或"八"字形，两拇指间的距离不能过大，以防漏球，如图 5-19 所示。

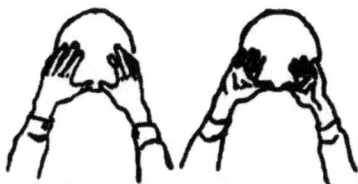

**图 5-19　传球手形**

④击球用力：当来球接近额前时，开始蹬地、伸膝、伸臂，两手微张迎球，以拇指内侧，食指全部，中指的二、三指节触球的后下部，无名指和小指触球两侧。手触球时，指腕保持适当紧张，以承担球的压力，用手指的弹力、手臂和身体协调的力量将球传出，如图 5-20 所示。

**图 5-20　击球用力**

2. 背传球

动作要领是背传的准备姿势比正传时稍直立，身体重心在两脚之间，不前倾，双手自然抬起，放松置于脸前。当判断有一传来球后，迅速移动到球下，双手抬起，手触球时，手腕适当后仰，掌心向上，在额上方击球的下部。传球时，用蹬地、展腹、抬臂向后翻腕的力量及手指的弹力把球向后上方传出，如图 5-21 所示。

**图 5-21　背传球**

### 3. 跳传球

动作要领是跳起在空中传球。跳传的起跳最好是向上垂直起跳，要掌握好起跳的时间，起跳过早或过晚都会影响传球的质量。根据一传球的高低，及时起跳，两手放在脸前，当身体上升到最高点时，靠伸臂动作和手指手腕的弹击力量将球传出。由于在空中无支撑点，用不上蹬地力量，只能靠伸臂动作将球传出，所以，必须在身体下降前传出球，才能控制传球力量。

### （二）练习方法

①徒手模仿传球练习。徒手模仿传球动作，做蹬地、伸展手臂的推击动作。

②体会手形和击球点练习。每人一球，自抛自接；2 人一组，互抛互接；1人持球距墙 10～20 厘米连续传。

③体会传球的协调用力练习。2 人一组，1 人按照手形与击球点推球，另 1人单手压球，持球者用传球方法向上推送，体会全身协调用力。

④传固定球练习。1 人双手持球在额前，另 1 人用传球动作去推击。

⑤传球的完整练习。对墙传球；1 抛 1 传；连续自传；2 人对传。

## 五、扣球

扣球是攻击性最强的基本技术，是由被动转为主动的主要方式，也是得分的主要手段，在比赛中占有重要地位。扣球技术可分为正面扣球和自我掩护扣球两大类。正面扣球包括扣近网球、扣远网球、扣调整球和各种平扣球、快扣球，如平拉开、短平快、近体快、背快、背平快等。自我掩护扣球包括"时间差""位置差""空间差"三种。时间差包括短平快时间差、近体快时间差、背快时间差；"位置差"包括短平快错位、快球错位；"空间差"包括前飞、背飞、拉四、拉三。扣球可用双脚起跳，也可用单脚起跳，单脚起跳比双脚快，更适合扣各种快球。另外，扣球在运用时有各种变化。扣球在实战中可以灵活运用以求最佳效果，如扣直线球、扣斜线球、转体扣球、转腕扣球、扣轻球、打手出界、超手扣球、快抹、吊球、二次球等。

### （一）基本技术

#### 1. 正面扣球

正面扣球是扣球技术中最基本的一种，正面扣球由于面对网，便于观察来球和对方的防守布局，所以，在比赛中准确性较高，同时，可以根据对方情况随时改变扣球路线和力量，控制落球点，进攻效果较好，是初学者必须掌握的进攻技术，下面进行重点分析。

①准备与判断：采用稍蹲姿势。一是观察一传是否到位；二是看二传的方向、弧度、速度、落点；三是选择好助跑的方向、路线、节奏，根据球的高度及运行情况考虑助跑起跳的时间、地点。助跑可以采用一步、两步、多步。

②助跑：助跑的作用是接近球，选择合适的起跳点，同时有利于增加弹跳高度。助跑的时机、方向、步伐、速度、节奏要根据不同来球的情况而定。以两步助跑为例，助跑时，左脚先向前迈出一步，接着右脚再迅速跨出一大步，左脚及时并上，踏在右脚之前，两脚尖稍向内转。助跑第一步小，便于对正方向；第二步大，便于接近球和提高助跑速度；最后一步要以脚跟先着地过渡到全脚掌着地，有利于制动身体的前冲力，增加腿部肌肉的紧张和弹跳高度。

③起跳：目的在于掌握扣球时间和获得扣球高度。腿部力量大的人，下蹲可深一些，反之，可浅一些。髋、膝、踝这三个关节蹬伸要充分，要有爆发力。双臂侧（或后）摆动放松，突然加速，有利于增加弹跳高度。起跳的目的不仅在于获得高度，还在于掌握扣球时机和选好击球点。在助跑跨出最后一步的同时，两臂经体侧后引，自后积极向前摆动，随之以腿蹬地向上起跳，两臂沉肩垂肘加速上摆配合起跳。手臂摆的速度越快越及时，对起跳的高度越有帮助，两臂的摆动可根据扣球技术需要及本人习惯，采用不同摆臂方式。在助跑制动后向上摆臂的同时，两腿从弯曲制动的最低点，猛力蹬地向上起跳。双腿的弯曲程度，可根据个人腿部力量或习惯不同而有所差异，但整个动作要协调、连贯，并具有一定的爆发速度，如图 5-22 所示。

**图 5-22　起跳动作**

④空中击球：起跳腾空后，身体呈反弓状，扣球手同侧肩后摆带动上体绕中轴转动，预先拉长收腹、收胸肌群。击球时从上体相向运动开始，猛烈收腹、收胸带动上臂屈肘，向前上方鞭甩伸直肘关节，最后通过屈腕、屈指、收肘把球猛力击出。击球是扣球的关键，其动作的好坏直接影响着扣球的质量。起跳后，挺胸展腹，上体向右转，右臂向后上方抬起，身体呈反弓状。挥臂时，以迅速

转体、收腹动作发力，依次带动肩、肘、腕各部关节成鞭甩动作向前上方挥动，使全身的用力依次叠加传递，最后集中在手上，以加大击球力量。触球时，五指微张成勺形，并保持紧张，用全手掌包满球，同时主动用力屈腕、屈指向前积极推压下甩，使扣出的球加速上旋。击球部位应根据人与球的关系、人与网的距离及高度来确定。击球点在起跳的最高点和手臂伸直最高点的前上方，击球结束后应注意避免触网。

⑤落地：为了避免腿部负担过重，应力争双脚同时落地。着地时以前脚掌先着地再过渡到全脚掌落地。同时顺势屈膝，以缓冲下落力量，并立即准备好做下一个动作。

2. 扣快球

快球是我国传统的打法，特点是时间短、速度快、隐蔽性强、突然性大，能起到攻其不备的作用。扣快球对一传要求很高，必须在一传到位的情况下，扣球队员在一传得球的同时助跑到网前，在二传队员传球前或传球的同时起跳，并迅速挥臂击球，以造成对方来不及拦网的扣球。扣快球时，助跑距离短，节奏快，助跑角度一般与网成45°，上体和挥臂动作的振幅小，主要利用前臂和手腕加速甩动击球。扣上升期的球时应在球传出之前就开始挥臂，球出网口时正好挥击。要求初学扣快球者一定要牢记以下要领：在一传到位的情况下，随球助跑，球起人跳，高点击球或出网击球，高抬肘快下手。

3. 调整扣球

在一传不到位的情况下，为了不失进攻机会，可进行调整扣球。其技术动作和正面扣球基本相同，但难度较大。要求扣球队员能适应来自不同方向和不同角度、弧度、速度的球，以灵活的步伐、良好的弹跳、准确的空中动作，调整好人与球的位置，根据与网的距离运用不同的手法，控制球的力量、旋转、弧度、路线和落点。掌握好调整扣球技术可以为运用后攻技术打下良好基础。

（二）练习方法

①助跑起跳练习。原地双足起跳练习；原地一步、两步起跳练习。体会步法与摆臂的配合方法。

②挥臂击球手法练习。原地徒手模仿扣球挥臂练习；原地扣固定球练习；自抛自扣练习；2人一组，1人传球，1人站在原地做扣球练习。

③完整扣球练习。助跑扣固定球练习；助跑后接住抛在空中飞行的球练习；上网扣抛球练习；结合传球做扣球练习。

## 六、拦网

拦网是排球比赛中防守的第一道防线，是可减轻本方后排防守压力的防守技术。同时，它也是一项进攻技术，可以直接拦死、拦回、拦起对方的扣球，是反攻的重要环节，也是得分的重要手段。因此，拦网是具有攻防双重性的技术。拦网技术由准备姿势、移动、起跳、空中击球和落地五个衔接技术组成，它基本的技术是单人拦网。

### （一）基本技术

单人拦网的动作简单易学，但在比赛时运用技术来取得效果难度较大，如图 5-23 所示。

**图 5-23 单人拦网**

①准备姿势：面对球网，两脚平行开立，约与肩同宽，两膝稍屈，两手自然弯曲置于胸前，密切注视对方动向，随时准备移动和起跳。

②移动：根据不同情况可灵活运用并步、跨步、滑步、交叉步、跑步等各种步法移动至拦网位置，准备起跳。

③起跳：移动后使身体正对球网起跳，或在起跳后身体在空中转向球网。如采用原地起跳，则两脚用力蹬地，两臂在体侧划小弧用力上摆，带动身体垂直起跳。起跳后挺胸收腹，控制平衡，延长滞空时间。如采用移动起跳，要注意移动后的制动，使移动的起跳动作紧密衔接。

④空中击球：起跳后稍收腹，两手经脸前向网上沿前伸直，向上提肩使手臂尽量伸向对方上空。在拦击球时，两手自然张开，两手掌凹成勺形，如图 5-24所示，当手触球时，两手要突然紧张抖腕，用力捂盖球前上方，如图 5-25 所示，拦击时根据对方扣球线路变化，两手在空中向球变线方向伸出，外侧手掌心在拦击球时内转包球，如图 5-26 所示。

⑤落地：拦球后要做含胸制动动作，以保持身体的稳定性，落地时屈膝缓冲，及时准备下一个动作。

图 5-24　空中击球手形

图 5-25　空中击球触球动作

图 5-26　空中击球拦击动作

（二）练习方法

①徒手模仿练习。面对球网徒手做拦网的模仿练习，或两人隔网起跳互相触手，体会完整动作。要求手形正确，手指自然张开。

②原地拦网练习。两人1组，1个抛球，1个跳起拦网；拦防对方原地的扣球。

③移动起跳拦网练习。移动起跳拦击隔网固定球，移动起跳拦击定点扣球，体会用手包住球的动作。

④双人拦网练习。在掌握单人拦网技术后，可练习双人原地起跳配合拦网；双人移动后起跳配合拦网；对方组织进攻，本方前排双人或三人互相配合组成集体拦网。

# 第二节　排球运动基本战术

## 一、阵容配备

### （一）四二配备

四二配备指场上有四个进攻队员和两个二传队员。其优点是便于组织"中一二"进攻，若二传手攻击力量强，每一轮都可以采用"插上"进攻战术。缺点是每个进攻队员都必须熟悉两个二传队员的传球特点，配合较困难。

### （二）五一配备

五一配备指场上有五个进攻队员和一个二传队员。其优点是进攻力得到加强，全队进攻队员只需要熟悉一个二传，配合上容易建立默契，由二传做出战术决定，便于统一指挥。缺点是有三轮只有两点进攻，二传体力消耗较大。

### （三）三三配备

三三配备指场上有三个进攻队员和三个二传队员。进攻队员与二传队员间隔站位，每一轮次的前排都能保持有一至两个进攻队员和二传队员，适合初学的队采用，但进攻能力明显不足。

## 二、进攻战术

进攻是力争主动，夺取比赛胜利的重要手段。排球战术中最基本的进攻战术是"中二传""边二传"战术配合。

### （一）"中二传"进攻战术

"中二传"进攻战术的基本配合方法是由前排或后排队员在前排中间3号位担任二传，组织其他队员进行进攻的阵形。它包括前排3号位队员担任二传的"中二传"阵形和后排插上成"中二传"阵形两种形式，在这里主要介绍前一种阵形。

前排队员在3号位担任二传的进攻阵形也称"中一二"进攻阵形，如图5-27所示。这种阵形二传队员在中间，一传目标明确，比较容易到位，有利于组织进攻；但战术配合方法较少，进攻点少，战术的突然性和攻击性不强，多适于队员技术水平不高，且没有掌握其他较复杂的进攻战术的球队采用。

图 5-27　"中一二"进攻阵形

### （二）"边二传"进攻战术

"边二传"进攻战术的基本配合方法是由一名前排或后排队员在前排 2 号位担任二传，组织其他队员参与进攻的阵形。它包括前排队员在 2 号位担任二传的"边二传"阵形和后排插上成"边二传"阵形两种形式。在这里介绍前一种阵形。

前排队员在 2 号位担任二传的进攻阵形也称"边一二"进攻阵形，如图 5-28 所示。这种阵形由于二传站在边位，对一传的要求较高；它可以组织多变的战术配合，它的突击性和攻击性要比"中一二"进攻战术强。

图 5-28　"边一二"进攻阵形

### 三、防守战术

防守战术包括接发球防守战术，接扣球防守战术，接拦回球防守战术和接传、垫球防守战术。下面介绍接发球防守战术和接扣球防守战术。

### （一）接发球防守战术

在接发球防守战术中基本的站位阵形是 5 人接发球和 4 人接发球阵形。

1.5 人接发球阵形及变化

①"W"站位阵形：5 名队员分布均衡，前面 3 名队员接前场区的球，后排 2 名队员接后场区的球，如图 5-29 所示，也称"一三二"阵形。

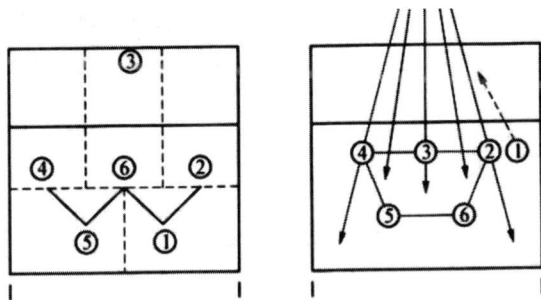

**图 5-29　"W"站位阵形**

②"M"站位阵形：也称"一二一二"站位，前面 2 名队员接前区球，中间队员接中区球，后面 2 名队员接后区球。

③"一"字站位阵形：5 名队员"一"字形排开，左右距离较近，每人守一条线。

**2.4 人接发球阵形**

4 人接发球阵形主要适用于后排插上进攻战术。这类阵形中最具代表性的是"U"形站位阵形。这种站位方法是 4、2 号位队员站在边线附近，后排两名队员站在前排两名队员之间，四人的站位形成一个"U"的弧形，如图 5-30 所示。

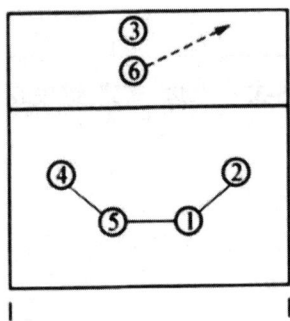

**图 5-30　"U"形站位阵形**

**（二）接扣球防守战术**

接扣球的防守，由前排拦网、后排防守两道防线组成。根据参加拦网人数不同可分为无人拦网防守阵形、单人拦网防守阵形和双人拦网防守阵形。

**1.无人拦网防守阵形**

这是一种初级的、最简单的防守战术形式，适合初学排球的队伍或在对方无力进攻时采用。它根据二传队员位置的不同，有两种站位阵形变化。

①采用"中一二"进攻战术，3 号位队员为二传时，由 6 号位跟进与 3、

137

2号位队员共同防守前场，其他队员防守后场，如图5-31①所示；或者由靠近进攻点的4、2号与3号位队员配合共同防守前场，其他队员防守后场，如图5-31的②、③所示。

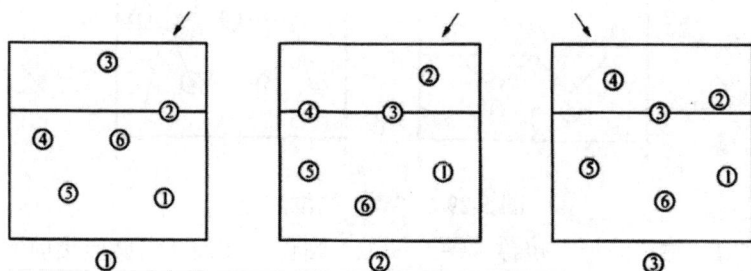

图 5-31　"中一二"进攻战术

②采用"边一二"进攻战术，2号位队员为二传时，3号位队员突前与2号位队员共同防守前场吊球，其他队员防守后场，如图5-32所示。

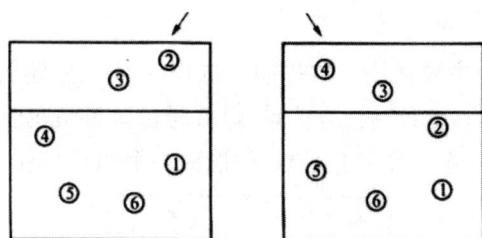

图 5-32　"边一二"进攻战术

2.单人拦网防守阵形

在对方进攻威力不大，路线变化不多时，一般采用单人拦网防守阵形。

①根据对方进攻点的不同，由本方对应位置上的前排队员进行拦网的防守阵形，如图5-33所示。

②固定3号位队员拦网的防守阵形，无论对方从什么位置进攻，均由3号位队员拦网，如图5-34所示。

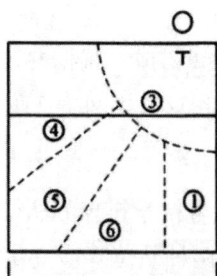

图 5-33　对应队员拦网防守阵形　　　图 5-34　3号队员拦网防守阵形

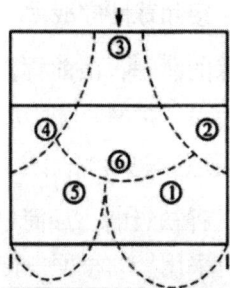

3. 双人拦网防守阵形

当对方进攻威力较大，路线变化较多时，应采用双人拦网防守战术。它基本的阵形变化有"心跟进"与"边跟进"两种。

① "心跟进"防守战术阵形。多在对方以扣吊结合为主进攻，为了解决空心问题时采用，它是固定由后排中心的 6 号位队员在本方拦网时跟在拦网队员之后进行保护、防吊球的防守阵形，如图 5-35 所示。

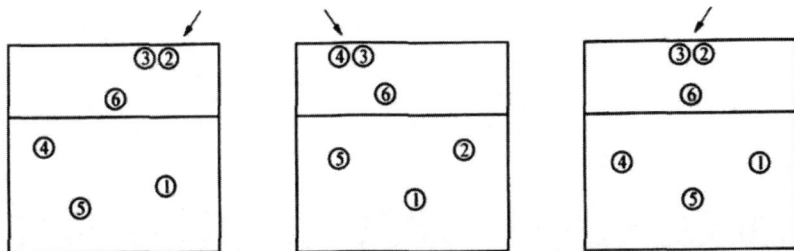

**图 5-35　"心跟进"防守战术阵形**

② "边跟进"防守战术阵形。它是由 1 号或 5 号位队员跟进保护的防守形式。如对方从 4 号位进攻，则由本方 2 和 3 号位队员拦网，1 号位队员后撤至进攻线附近保护，4 号位队员后撤至进攻线之后防守斜线进攻，与后排队员形成面对进攻点的弧形防守区，如图 5-36 所示。

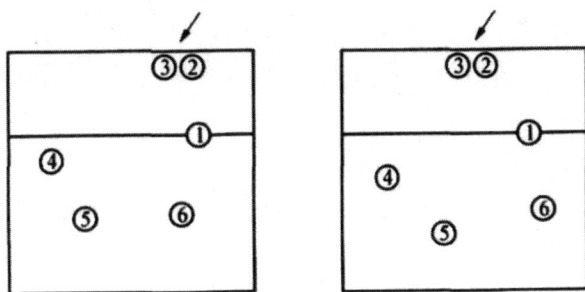

**图 5-36　"边跟进"防守战术阵形**

# 第六章　羽毛球运动

## 第一节　羽毛球运动基本技术

### 一、握拍法

要想打好羽毛球，必须重视握拍方法，这是一个看似简单却又很难准确回答的问题。说它简单，是因为我们通常所说的基本握拍方法只有两种，即正手握拍法和反手握拍法。说它复杂，是因为羽毛球项目又历来特别强调握拍要灵活，也就是说要根据不同的击球方法来变换自己的握拍方法。初学者一般都是从掌握基本的正、反手握拍方法入门的，但随着技术的不断进步，就必须在这两种方法的基础上不断演变，以求得自己在运用各种击球方法时，能充分发挥、控制和变化自己的击球力量和击球拍面的角度与方向。这在运用一些动作幅度较大的技术方法击球时，不是特别明显，但在运用一些比较细腻的技术方法，尤其是在网前击球时，如果不善于在基本的握拍方法基础上，根据实际的要求进行变换的话，就难以达到理想的击球效果。

#### （一）基本技术

1. 正手握拍法

虎口对着拍柄窄面的小棱边，拇指和食指贴在拍柄的两个宽面上，食指和中指稍分开，中指、无名指和小指并拢握住拍柄，掌心不要紧贴，拍柄端与近腕部的小鱼际肌平，拍面基本与地面垂直，正手发球、右场区各种击球及左场区头顶击球等，一般都采用这种握法，如图6-1所示。

2. 反手握拍法

在正手握拍的基础上，拇指和食指将拍柄稍向外转，拇指顶点在拍柄内侧的宽面上或内侧棱上，中指、无名指和小指并拢握住拍柄，柄端靠近小指根部，使掌心留有空隙。球拍斜侧向身体左侧，拍面稍后仰。一般来说，击身体左侧的来球，大都先转体（背对网），然后用反手握拍法击球，如图6-2所示。

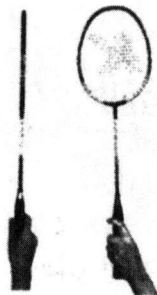

图 6-1　正手握拍法　　　　　　　　图 6-2　反手握拍法

### 3.特殊握拍法

上述正常的正、反手握拍法对击打高远球、吊球、杀球、反手球、挑球、推球、挡球等比较用力的球较为适宜。在特殊情况下，如做网前的封网技术以及击打搓球、勾球、扑球、拨球和被动球时可采取特殊握拍法。如封网前球时，则拍面与地面平行，虎口对准拍柄的宽面，其他手指与正常握拍法相同，这种握拍法也称为西方握拍法。

### （二）练习方法

①让握拍手自由转动拍柄后，按照正确的技术动作要领，用肉眼观察，由握拍手独立调整完成正手握拍动作或反手握拍动作。

②通过反复练习，逐渐过渡到不用肉眼观察，全凭手上的感觉便可完成正确握拍。

③在实战中，视来球的不同角度和方向，握拍手可自如地选择正手或反手握拍法击球，握拍力度应适宜。

不论正手握拍法还是反手握拍法，除了上述握法的区别以外，它们共同的技术关键是要放松和要灵活。

## 二、步法

在羽毛球比赛中，运动员在场上为了跑到适当的位置击球而采取的快速、合理、准确的移动方法，称为步法。羽毛球步法大致分为三大类：一是上网步法，二是后退步法，三是中场两侧移动步法。在实践中常运用跨步、垫步、蹬步、并步、交叉步、腾跳步等综合步法。

## （一）上网步法

上网步法是指从场地中央位置向网前移动的步法。上网前的站位及准备姿势：站位取中心位置，两脚左右开立（稍前后），约同肩宽，重心在两脚前掌，后脚跟稍提起并左右微动；上体稍前倾，右手持拍于体前，两眼注视对方的来球。以下介绍常用的两种上网步法。

### 1.跨步上网

以右侧上网为例。判断对方来球后，迅速将重心移到右脚，左脚掌内侧用力蹬地向来球方向迈出一步，当左脚着地时，右脚加速蹬地向前跨出，左脚用力蹬地使右脚向前跨一大步，以从脚跟到脚掌外侧的顺序着地，再过渡到前脚掌，上体稍前倾，右膝关节弯曲并成弓箭步。前腿用力缓冲，控制住身体，左脚自然地向前脚着地的方向靠小半步，保持正确的击球姿势。击球后，右脚前掌内侧蹬地，用交叉步或并步回到中心位置（见图6-3）。左侧跨步上网，动作方法同右侧跨步上网，方向相反。

### 2.垫步或交叉步上网

以右侧上网为例。判断对方来球后，右脚先迈出一小步，左脚立即向右脚垫一小步（或从右脚后交叉迈出一小步），左脚着地后，脚内侧用力蹬地，右脚再向网前跨一大步成弓箭步，紧接着左脚自然地向前脚着地方向靠小半步，身体重心在前脚，击球后，前脚朝后蹬地，用小步、交叉步或并步退回中心位置（见图6-4）。左侧垫步或交叉步上网，动作方法同右侧垫步、交叉步上网，方向相反。

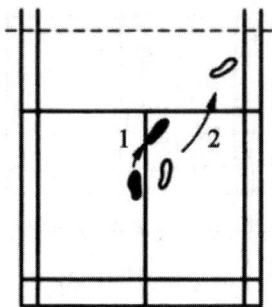

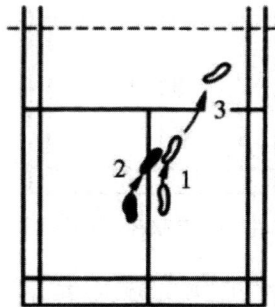

图 6-3　跨步上网　　　　　　图 6-4　垫步或交叉步上网

## （二）后退步法

从中心位置移动到后场各个击球点的位置上击球的步法，称为后退步法。后退步法分为正手后退步法和反手后退步法两种。

1. 正手后退步法

正手后退步法包括并步、交叉步和跨步等，实战时可根据场上情况和个人特点灵活使用，以下介绍交叉步后退步法。这种步法的特点是移动范围大，回击端线附近的球多用这种步法。

判断来球后，先调整重心至右脚，然后右脚蹬地迅速向右后撤一小步，同时上体右转，左肩对网，接着，左脚从右脚后交叉后撤一步（或用并步靠近右脚），右脚再向后移至来球位置。当右脚着地时，迅速向上蹬，使击球点增高，同时左脚向身后伸出，当击球完成时，左脚以前脚掌先着地，然后右脚着地，左脚着地时要缓冲、制动、回蹬连接紧凑，使身体迅速返回球场中心位置。

2. 反手后退步法

反手后退时，应根据离球距离的远近调整移动步伐。如果离球较近，应采用两步后退步法；离球远时，则要采取三步后退步法。

反手两步后退步法：一种是左脚先向后方撤一步，接着上体左转，右脚向左后方跨一步背对网，移至击球反手位置；另一种是右脚先向左脚并一步，然后左脚向左后方跨一步，同时上体左转，右肩对网移至反手击球位置（见图6-5）。

反手三步后退步法：三步后退时，右脚先向左脚并一步，再向左后方撤一步，同时上体左转，右脚再向左后方跨一步至来球位置，背对球网，做反手击球（见图6-6）。

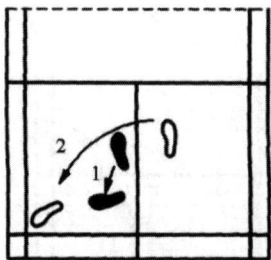

图6-5　反手两步后退步法

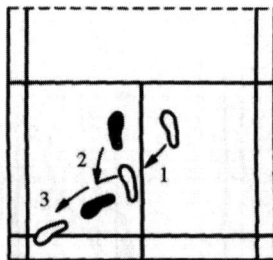

图6-6　反手三步后退步法

（三）中场两侧移动步法

从中心位置向左右两侧移动到击球点上击球的步法，称为两侧移动步法。两侧移动步法多用于接对方的扣杀和打来的半场低平球。其移动前的准备姿势和站位基本同上网步法。

1. 向右侧移动步法

向右侧蹬跨步法：起动后，左脚掌内侧用力起蹬，右脚向右侧跨出一大步（重心落在右脚上，脚尖偏向右侧，用脚趾制动），上体略向右侧倒（根据击球点的高低来确定侧倒的程度）做正手击球，击球后，右脚前掌回蹬，回到中心位置。这种步法适合在来球距身体较近时使用。

向右侧垫步步法：起动后，左脚向右脚并一步，左脚一着地就用力向右蹬，使右脚迅速向右跨出一大步，右脚着地后腿成弓箭步，身体略向右侧倒，出手击球，击球后，右脚前掌回蹬，回到中心位置。这种击球步法适合在来球距身体较远时使用。

2. 向左侧移动步法

面对球网移动步法：起动后，右脚掌内侧用力起蹬，同时向左转体，左脚向左跨出一步（重心落在左脚上，脚尖偏向左侧，用脚趾制动），上体略向左侧倒，做反手击球，击球后左脚前掌回蹬，回到中心位置。

背对球网移动步法：这种步法只适用于反手击球。起动后以左脚前掌为轴，向左转体，同时，右脚内侧用力蹬地，经左脚前向左侧跨一大步（重心在右脚上，以脚前掌制动）成背对网姿势，上身略向前倾做反手击球，击球后，以右脚回蹬随即转成面对球网，回到中心位置。

## 三、发球

发球是羽毛球的基本技术之一，发球作为组织进攻的开始，其质量的好坏直接影响着比赛的主动或被动，要么赢球得分，要么丧失发球权。

羽毛球发球虽不能像乒乓球发球那样使球产生各种旋转，但它可以通过不同的发球手法，发出不同弧度、不同落点的球，从而控制对方，为我方创造进攻得分的机会。因此，对羽毛球的发球应引起充分的重视。

就发球的姿势而言，有正手发球、反手发球之分。人们可根据自己的习惯或战术的需要来选用正手或反手发球。一般情况下，单打中多采用正手发球，而在双打、混合双打中常用反手发球。

就球飞行的角度和距离而言，可将其分为发高远球、发平高球、发平快球和发网前球四种（见图6-7）。

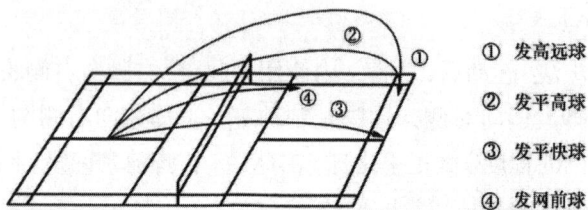

① 发高远球
② 发平高球
③ 发平快球
④ 发网前球

图 6-7　四种发球

发球站位方法：

单打的发球站位，是距前发球线约 1 米。选择场地中部这个位置发球，在单打中有利于迎击对方前、后、左、右任意距离和落点的来球。

双打的发球站位则可选择稍前一点的位置，这样有利于下一拍抢网前球。

**（一）基本技术**

1. 正手发球技术

正手发球是在身体的右侧用正拍面击球的一种发球方式，在实战中被广泛采用。正手发球可根据不同的战术需要发出不同的球，如高远球、平高球、平快球和网前球等不同弧度的球。

（1）正手发高远球

正手发高远球是用正手握拍法，用正拍面将球击得又高又远，球飞行到对方的端线上空后突然改变方向，垂直落至端线（底线）附近的一种发球。由于球处于对方端线，可有效地调动对方并削弱其进攻的威力。

动作要领：准备时，两脚自然分开，左脚在前，脚尖对网，右脚在后，脚尖稍向右侧，重心放在右脚上；用左手拇指、食指和中指夹持住羽毛球中部，自然抬举于胸前方；右手正手握拍自然屈肘举至身体的右后侧，呈发球前的准备姿势；击球时，持球手松开，使球自然下落；右手持拍臂自下而上沿半弧形做回环引拍动作，同时开始转体。在拍挥至身体右侧前下方击球点的瞬间，前臂迅速内旋带动手腕闪动，展腕发力，用正拍将球击出，身体重心随转体动作逐渐由右脚移至左脚上；持拍手随击球动作完成后的自然惯性向左上方挥动。在发球的过程中，双脚均不能离开地面或者移动（见图 6-8）。

图 6-8　正手发高远球

（2）正手发平高球

正手发平高球是用正手握拍法，用正拍面击球，球的飞行弧度较发高远球低的一种发球。球飞行的高度以对方跳起无法拦截为佳。由于球飞行弧度不高，速度相对就快，是单打战术中具有一定进攻性的发球。双打中若与发网前小球配合使用，则可以增加对方接发球的难度。

动作要领：准备姿势、引拍动作和击球后的动作均与正手发高远球相同，但引拍动作比发高远球略小一些；击球时，以小臂带动手腕发力为主，拍面与地面的夹角小于45°，向前推进击球（见图6-9）。

**图6-9 正手发平高球**

（3）正手发平快球

发平快球就是把球发得又平又快，击出的球离网不高而迅速越过对方场区并落到底线附近。球在空中飞行时，抛物线轨迹低于平高球的轨迹，与地面形成的仰角小于30°。

动作要领：站位稍靠后些（防备对方很快回球到本方后场），利用前臂带动手腕的爆发力向前方发力，发出的球直接从对方的肩稍上高度越过，直攻对方后场。发平快球的关键是出手动作要小而快，但前期动作应和发高远球一致。

（4）正手发网前球

正手发网前球是用正手握拍以正拍面击球，使球轻轻擦网而过，落在对方前发球线附近的一种发球。这种发球由于飞行弧度低，距离短，可以有效地限制对方直接进行强有力的进攻，是单、双打中较常见的一种发球。在双打中，由于场上的移动范围比单打要小，对发网前小球的质量要求更高，如球过网稍高，对方可通过扑、推而直接进行接发球抢攻。所以，双打扣发网前小球时的站位可适当接近前发球线，引拍动作摆幅小，击球时拍面击球的摩擦力及击球的角度要控制好，在规则允许的范围内提高击球点，尽量使球贴网而过，以削弱对方接发球的威力。

动作要领：准备姿势、引拍动作和发球后的动作与正手发高远球相似；击球点位于运动员右侧体前几乎与髋同高的位置。击球时握拍保持放松，靠手指控制力量。手腕收腕发力，用斜拍面往前推送击球，使球轻轻擦网而过，落入对方前发球区（见图6-10）。

**图 6-10　正手发网前球**

2. 反手发球技术

反手发球技术是在身体的左前方用反拍面击球的一种发球方式。和正手发球技术一样，用反手同样能发出各种弧度的球；与正手发球不同的是，反手发球时动作的力臂距离相对要小，发球时对球的控制力更强，加之反手发球动作更具一致性、隐蔽性和突然性，所以，在比赛中，尤其是在双打比赛中被广泛采用。在实战中，发球方根据双打战术的特点和需要，常以反手发后场平高球、后场平射球和网前小球为主。

（1）反手发后场平高球

用反手握拍，以反拍面击出和正手发后场平高球飞行弧度一样的球，称为反手发后场平高球。

动作要领：准备时，站位靠近前发球线，右脚在前，左脚尖侧后点地，重心放在右脚上；左手拇、中、食指握住球的羽毛处，置于腹前；右手肘稍向上提起，用反手握拍，将球拍自然置于腹前持球手的后面，两眼正视前方，呈发球前的准备姿势；击球时，左手放球的同时，持拍手前臂内旋，带动手腕展腕由后向前做回环半弧形挥动，击球时屈指收腕发力，用反拍面向前上方将球击出；击球后注意将握拍姿势迅速调整为正手握拍。

（2）反手发后场平射球

用反手握拍，以反拍面发出与正手发后场平射球同样飞行弧度的球，称为反手发后场平射球。

动作要领：与反手发后场平高球动作相同，击球时，尽可能地提高击球点，拍面与地面呈近 90° 角，利用拇指的顶力，迅速向前推进击球。

（3）反手发网前小球

用反手握拍，以反拍面击出与正手发网前小球飞行弧度一样的球，称为反手发网前小球（见图 6-11）。

图 6-11 反手发网前小球

动作要领：准备姿势、引拍动作和击球后的动作均与反手发后场平高球相同；击球时靠手腕和手指控制发球的力量，以斜拍面向前轻轻推送切击球托，使球尽可能低地沿网上方飞过并落入对方前发球线内。

**（二）练习方法**

①先学习正手发后场高远球。依照先分解后连贯、从简单到复杂的顺序，按照技术动作的要领做挥拍练习，直至熟练。

②用绳拴住球，选择适当的高度将球固定吊好，反复做发球动作练习，体会球与拍之间的距离感及前臂内旋带动手腕由伸腕到展腕的发力过程。

③持拍面对墙壁做发球练习。在做该项练习时，既要照顾到击球的准确性，又要兼顾击球动作的正确性。

④在场地上练习发球，重点注意发球的落点。

⑤按照以上练习步骤，进一步做其他各种发球的练习，注意各种发球动作的一致性和落点的多样性。

**四、接发球**

还击对方发过来的球叫接发球。接发球技术在每场比赛中都具有重要的作用。如果说发球发得好是争得每分球胜利的开端，那么接发球接得好同样是争得每分球胜利的第一步。因此，接发球对初学者来说也是不可忽视的技术。

**（一）基本技术**

①单打站位通常要站在离前发球线约 1.5 米靠近中线的位置。左脚在前，右脚在后（以右手握拍为例），双膝微屈，身体重心放在前脚上。后脚跟稍抬起，身体半侧向球网，球拍举在身前，两眼注视对方。

②双打站位由于双打发球区较单打发球区短，发高远球易出界和被对方扣杀，所以，双打发球多以发网前球为主，接发球时应站在靠近前发球线的地方。

149

双打接发球的准备姿势与单打基本相同，略有区别的是身体前倾角度较大，球拍高举，自网上的最高点击球。

## （二）练习方法

①开始练习接发球时，最好采用固定的一种基本技术去接对方的单一发球（可用多球）。

②练习接球时应在对方球拍触球的瞬间观察球的飞行方向从而提高判断能力。

③在上述基础上，还要进一步研究控制回球落点，以免在接球后给对方较多的攻击机会。

④在具备了较好的适应能力和能够较自如地控制回球落点之后，应逐步提高防御对手抢攻的能力。

## 五、击球

### （一）基本技术

正确的击球手法是打好羽毛球的主要条件之一。有了正确的击球动作就能更好地掌握和发挥羽毛球的各项技术。羽毛球的基本技术包括后场高空击球技术、网前上手击球技术、下手击球技术和中场平击球技术等。

1. 后场高空击球技术

后场高空击球技术是打好羽毛球的主要手法之一。根据其性质特点，通常可分为高球、吊球、杀球（扣杀）。

（1）高球

高球分为高远球和平高球。高远球是指将球击得高而远，球飞至对方底线上空垂直落到有效场区内。平高球是从高远球发展而来的，它飞行的速度比高远球快，弧线比高远球低，是后场进攻的有效技术之一。

①正手击直线高球和对角高球（见图6-12）。在右后场区击球的位置上，右脚在前，左脚在后，稍屈膝。侧身对网，重心在右脚前掌上，左手自然上举，头抬起注视来球，右手持拍于身体右侧。击球前，重心下降准备起跳。起跳的同时右臂后引，胸舒展。当球将落至额前上方击球点时，上臂往右上方抬起，肘部领先，前臂自然后摆，手腕尽量后伸，前臂急速内旋向前上方挥动，手腕向前闪动发力（手指由松突然握紧球拍）击球托，球即朝直线方向飞去。若手腕控制拍面击球托的右侧下部，球则向对角方向飞行。击球后，手臂随势自然收至胸前。

图 6-12　正手击直线高球和对角高球

②头顶击直线高球和对角高球。由于来球是飞往左后场区的，击球点应选择头顶部位。准备姿势和动作要领基本与正手击高球相同，但击球前要求上体稍弓身后仰，以便更好地发力。右上臂右后上抬，球拍由右后绕过头顶，手臂向前上方经内旋带动手腕突然屈收闪动发力，击球托，球即飞往直线方向。头顶击对角高球，握拍稍有改动，即用拇指和食指向内捻动拍柄，使虎口对准拍柄靠外的小棱边，球拍仍由右后绕过头顶，前臂向右前方内旋带动手腕屈收闪动发力，击球托的左部。击球后，由于前臂内旋明显，惯性作用大，手臂自然往前摆动。回收球拍时，前臂稍外旋，将拍置于胸前（见图 6-13）。

图 6-13　头顶击对角高球

③正手、头顶击平高球。准备姿势与动作要领基本与正手击高远球相同，主要区别在于击球点稍高，较击高远球前，拍面稍前倾。

（2）吊球

接对方击来的高球，从后场轻击或轻切或拦吊到对方的网前区，叫吊球。吊球按飞行的弧线和击球动作的不同主要分为劈吊、轻吊和拦截吊（都有正手、头顶和反手）等。

①正手劈吊直线和对角线球（见图 6-14）。直线劈吊，击球前动作和击直线高球、杀球相似。击球时用力较轻，带有劈切动作，落点一般离网较远。不同点是击球瞬间前臂突然加速，用手腕的闪动向前下方切击球托的右侧下部，

使球越网下坠，击球后，手臂随势自然回收至胸前。对角线劈吊，击球前的动作同正手击对角高球。不同点是击球瞬间，用加速的力量把球向对角方向切击，击球后，球拍随势自然回收胸前。

图 6-14　正手劈吊直线和对角线球

②头顶吊直线和对角线球。击球动作几乎和头顶击直线高远球相同，只是击球的瞬间，前臂突然内旋并往前下方挥拍，手腕外伸、后展，带动球拍轻点球托的左侧后下部，球沿直线飞行。

③反手吊直线和对角线球（见图 6-15）。反手吊直线球和反手吊对角线球的击球前的动作和反手击高球动作类似。不同的是前臂要上摆，用拇指内侧顶住拍柄，手腕向后"甩腕"轻击球托的后下部位，使球朝着直线和对角线的方向落到对方网前。

图 6-15　反手吊直线和对角线球

（3）杀球（扣杀）

杀球是用力向前下方重压、重切或重"点"击球，球飞行的弧线较直，落地快，对对方的威胁较大的一种击球方式。杀球从手法上可分为正手扣杀，头顶扣杀和反手扣杀；从力量上又可分为重杀（杀球力量较大），轻杀（杀球力量较小）和点杀（力量不大，但速度较快，落点近前场）；还有长杀（近底线）和劈杀（切劈）等。

①正手扣杀直线球（侧身起跳）和对角线球（侧身起跳）。准备姿势和动作要领与正手击高远球技术大体相同。不同点是右脚起跳后，身体后仰呈反弓后收腹用力。前臂带动手腕用力下压，球拍正面击球托，击球点较击高球稍前，无切击，使球沿直线向前下方飞行。击球后立即回收，右脚向前跨步要大。正

手扣杀对角线球的准备姿势和动作要领与正手扣杀直线球相同，不同点是起跳后身体向左前方转动用力，协助手臂向对角方向击球（见图6-16）。

图 6-16　正手扣杀对角线球

②头顶扣杀直线和对角线球（见图6-17）。准备姿势和动作要领与头顶击高球相同。不同点是挥拍击球时，要集中全力往直线方向或对角线方向下压，球拍面和击球方向水平面夹角小于90°。

图 6-17　头顶扣杀直线和对角线球

③正手腾空突击杀球。采用正手握拍法，侧身右脚后退一步准备起跳。起跳后，身体向右后腾起，上身右仰或成反弓形，右臂右上抬，肩尽量后拉。击球时，以肩带臂，主要以前臂和手腕快速挥拍压腕产生爆发力，高速向前下击球。球扣杀后，右脚先着地屈膝缓冲，重心在右脚，即刻回位。如果球向左侧边飞来，则用左脚向左侧上方起跳使身体向左侧上空腾起，肘关节高举靠近头部，举拍于头后，到最高点时，主要以前臂内旋和手腕快速挥拍扣杀球。扣杀后，以左脚先着地屈膝缓冲，即刻回位。

2. 网前上手击球技术

（1）放网

放网是指运动员运用网前放网技术使球回击到对方网前区域的击球，通常可分为正手、反手两种放网。

①正手放网前球侧身对右边网前，右脚跨前成弓箭步，重心在右脚上。右手持拍于右侧体前约与肩同高，拍面右边稍高斜对网。左臂自然后伸，起平衡

作用。击球前前臂稍外旋，手腕外展引拍至右侧前。击球时手腕稍内收，食指和拇指控制拍面角度和用力大小，轻切球托把球轻送过网。击球后，在身体重心复原的同时，收拍至胸前。

②反手放网前球侧身对左边网前，右脚跨前成弓箭步，重心在右脚上。右手反手握拍，持拍于身侧约同肩高，拍面左边稍高斜对网，左臂自然后伸。击球前前臂稍内旋，手腕外展引拍。击球时手腕内收，拇指和食指分别贴在拍柄内、外侧的小棱边上，用拇指的推力轻托球把球送过网。击球后，随重心复原收拍至胸前。

（2）网前搓球

搓球是运动员用网前搓球技术使球带旋转或翻滚而越网至对方前场近网区域内的击球，通常可分为正手、反手搓球。

①正手网前搓球准备姿势同正手放网。击球前前臂外旋，手腕外展引拍至右侧。击球时在正手放网动作的基础上，加快挥拍速度，切搓球托底或侧部。由于球托受较大的摩擦力和作用力，使球产生旋转或翻滚，越网而过。

②反手网前搓球准备姿势同反手放网。击球前前臂稍往上举，手腕前屈；手背约与网同高，拍面低于网顶。击球时，手腕和手指控制拍面角度，用肘关节和腕关节前伸稍下降及前臂稍外旋的合力，搓切球托的侧底部。另外，也可在反手放网前球动作的基础上，前臂稍伸直，手腕由外展到内收，带动球拍向前切送，击球托的后底部。

（3）网前挑球

挑球是将对方击来的网前球、吊球、杀球（轻杀）等挑高过网还击至对方后场底线附近区域的击球。它是网前挑球技术的泛称，通常可分为正手、反手挑球。

①正手网前挑球准备姿势同正手放网。击球前，前臂充分外旋，手腕尽量后伸。击球时，从右下向前方至左上方挥拍击球。在此基础上，若球拍向右前上方挥动，挑出的是直线高球；若球拍向左前方挥动，挑出的则是对角高球。

②反手网前挑球准备姿势同反手放网。击球前，右臂往左后拉抬时引拍。击球时，前臂充分内旋，手腕由屈至后伸闪动挥拍击球。若球拍由左下向左前上方挥动，则球向直线方向飞行；若球拍由左下向右前上方挥动，则球向对角线方向飞行。

3. 下手击球技术

下手击球技术属于防守性技术。它虽然没有上手击球那样具有主动性和威胁性，但它仍是羽毛球技术中不可缺少和不可忽视的部分。初学者不仅要学习和掌握好上手网前击球技术，还要学习和掌握好下手击球技术。下手击球技术通常可分为接杀球、接吊球两种。

（1）接杀球技术

所谓接杀球技术是指运动员将对方扣杀过来的球还击至对方某场区内的接球技术，通常可分为正手、反手接杀球技术。如这种技术在不同的位置上利用有关技术配合相应的步法和手法，则可打出不同的球，即挡、勾、挑、抽球等。

（2）接吊球技术

所谓接吊球技术是指队员将对方吊过来的球还击至对方某场区内的接球技术，通常可分为正手、反手接吊球技术。如这种技术在不同的位置上利用有关技术配合相应的步法和手法，则可打出不同的球，即放、挑、勾球等。

**（二）练习方法**

1. 高球的练习方法

①徒手练习击高球的模仿动作，体会动作要领。

②"一点打一点"，即固定直线或斜线对打。

③"一点打两点"。

2. 吊球的练习方法

①按动作要领进行模仿练习，体会动作要领。

②通过击定点球练习，体会"切击"动作，即采用"挑一点吊一点"。

③做变方向的吊球练习，即"挑一点吊两点"。

3. 杀球的练习方法

①按动作要领进行模仿挥拍练习，体会动作要领。

②通过向前下方用力投掷羽毛球（或垒球），体会鞭打动作。

③做定位扣杀练习，即"杀一点或两点"的固定练习（或用多球进行固定杀球练习），并注意准确性。

4. 放网的练习方法

①徒手挥拍模仿放网动作，体会动作要领。

②利用多球进行正手、反手放网练习。

③在本场区的中心位置进行上网放网练习。

5. 网前搓球的练习方法

①徒手挥拍模仿搓球动作，体会动作要领。

②利用多球进行正手、反手搓球练习。

③一对一站在网前，做送球、搓球或对搓练习。

④在本场区中心位置进行不定点的上网搓球练习。

6. 网前挑球的练习方法

①练习网前挑球前，先在原地模仿挑球动作，然后结合上网步法进行挑球练习。

②徒手挥拍模仿挑球动作，体会动作要领。

③利用多球进行正手、反手挑球练习。

④做固定线路的吊、挑练习。

7. 接杀球、接吊球的练习方法

①学习接杀球、接吊球时，应在掌握网前技术和中场平击技术的基础上，配合相应的步法进行接杀球、接吊球技术练习。

②按动作要领进行正手、反手接杀球、接吊球的放网、挡、挑等技术的模仿练习。

③利用多球进行练习。

④定位"一攻一守"的练习（先左或右半场，后再到全场）。

⑤不定位的全场攻守练习。

# 第二节　羽毛球运动基本战术

## 一、单打打法

### （一）压后场底线

压后场底线是基本打法之一，其特点是通过平高球压对方于后场底线，待对方回球靠前时，则大力扣杀或吊网前空当。这种打法主要在于与对方较量后场高吊、杀球技术的高低，以力量取胜。

### （二）攻四方球控制落点

以快而准确的落点，攻击对方场区的四个角落，调动对方在前后左右奔跑，打乱对方阵脚，以便伺机进攻。它要求运动员本身有较强的控球能力、灵活的步法及较强的进攻能力。

### （三）快拉快吊控制网前

快拉快吊是一种积极主动、快速进攻的打法，它要求运动员技术全面，能攻善守，步法、手法快速灵活，并有较高的网前技术。这种打法常以进攻性的平高球快压对方于后场两底角，而后以空击吊球或劈杀引对方上网，再迅速上网控制网前，以网前搓球结合推后场底线制造对方回球的困难，以便伺机在后场大力扣杀。

### （四）后场下压，上网搓推

我方在后场通过后场杀球，结合吊球，迫使对方挡网，我方快速上网控制网前，以搓球结合推球制造进攻机会，再用重杀或劈杀解决战斗。这是一种进攻型打法，具有快速凶狠的特点。

### （五）守中反攻

利用拉吊及防守的球路变化，调动对手，找准对方的空当或失误进行反攻。这种打法适合身高不高但较灵活的运动员。在防守中要善于控制落点、球路，调动对方在移动中勉强进攻，使对方急于求成而出现失误，或用以制造反攻的机会。

## 二、双打基本打法

### （一）快攻压网

从发球抢攻开始，以左右分边站位，平抽平打、快速杀球为主，压对方的前场。这种战术要求运动员有较好的半场平抽平打技术，还要有较强的封网意识及快速的反应能力。

### （二）前场打点

通过搓、推、勾的技术找对方的空隙进行攻击，打乱对方站位、破坏对方的战术，迫使对方起高球防守，为我方创造后场进攻的机会。

### （三）后攻前封

我方队员前后场站位，后场逢高球就打下压球，迫使对方起高球，当对方回球到前场和网前时，前场站位的队员开始打扑球等下压球。

### （四）抽压底线

用快速的平高球或抽底线球压对方后场两点，即使对方杀球，也用平抽、挑后场到底线两点，伺机进攻。

### 三、单打战术

#### （一）发球抢攻战术

从发球的第一拍起，争取控制对方，以攻杀得分。这种战术，一般为发网前低球结合平快球、平高球，争取第三拍的主动进攻。用这种战术对付应变能力较差的对手，或实施于比赛的关键时刻，效果往往很好。实施这一战术时，应有高质量的发球，否则很难成功。

#### （二）攻后场战术

此战术通过击高球、重复压对方的底线两角，造成对方的被动，然后寻找机会进攻。用它来对付初学者，或后场还击能力较差，或后退步子较慢以及急于上网的对手是很有效的。

#### （三）攻前场战术

对于网前技术较差的对手，可运用此战术先将其吸引到网前，然后再攻击其后场。采用此战术，自己首先要有较好的网前击球技术。

#### （四）打四方球战术

若对手步子较慢、体力较差、技术不全面，可以凭借快速准确的落点攻击对方场区的四个角落，寻找机会向空当进攻。此战术的主要目的是通过打落点，逼迫对方前后奔跑、被动应付，并在其回球质量下降或露出破绽时乘虚而入。

#### （五）杀、吊上网战术

对对手打来的后场高球，本方先以杀球配合吊球把球下压，落点选在场区的两条边线附近，致使对手被动回球。在对手回网前球时，本方迅速上网搓球、勾对角球或平推球，创造在中场大力扣杀的机会。这种战术必须能很好地控制杀、吊球的落点，在使对方被动回球时，才能主动迅速上网。

#### （六）打对角线战术

对付身体灵活性差、转体较慢的对手，不论是进攻还是防守，均应以打对角线球为主。这样，对方会因移动困难而被动，为我方创造进攻机会。

#### （七）防守反击战术

在对方主动进攻、我方被动防守时，我方可高质量地接杀拦网；或抓住对方攻杀力量减弱，或落点不好之机会，以平抽底线球还击对方后场，扭转被动局面，并进行反击。

### 四、双打战术

#### （一）攻人战术

集中攻击对方有明显弱点的人，并伺机攻击另一人因疏忽而露出的空当，或对此人偷袭。双打比赛中的配对选手，一般总有一人技术好些，另一人稍差些。即便两人水平相差不多，但若能集中力量攻击其中一人，也可给其造成很大的心理压力，从而使其出现失误。

#### （二）攻中路战术

当对方分边站位防守时，用球攻击对方两人的中间位置；当对方前后站位时，可将球下压或平推至两边半场。这样可使对方在防守时因互相争抢或互让而出现失误。

#### （三）攻后场战术

如果对方扣杀能力差，本方可采用平高球、推平球、接杀挑底线，把对方一人紧逼在底线两角移动。当对方被动还击时，则抓住机会大力扣杀。如另一对手后退支援，即可攻网前空当。

#### （四）后攻前封战术

当本方处于主动进攻前后站位时，站在后场的队员见高球就杀或吊网前球，迫使对方接球到网前，为本方前场队员创造封网扑杀机会。前场队员要积极封锁网前，迫使对方被动挑高球。一旦对手挑高球达不到后场，就为本方创造了再进攻的机会。

#### （五）防守反攻战术

在防守中寻找反攻的机会，以便摆脱困境，转被动为主动。例如，挑底线高球，即不论对方从哪里进攻，本方都应设法把球挑到进攻者的另一边底线。如对方正手后场攻直线，就挑对角线，如对方攻对角线就挑直线。这是一种较容易争得主动权的防守战术，在女子双打中运用更为有效。时机有利，即可运用反抽或挡网前回击对方的杀球，从守中反攻，争得主动权。运用此战术时，要注意挑高球一定要挑到底线，否则会出现对方连续攻杀而本方无力反击的局面。

# 第七章 乒乓球运动

## 第一节 乒乓球运动基本技术

### 一、基本站位和准备姿势

#### （一）基本站位

站位是指运动员与球台之间所处的位置。比赛中运动员站位是否合理，对其技术、战术水平的发挥有直接影响。站位正确有利于保持合理稳定的击球姿势和向任何一个方向快速移动的能力。站位的范围是指运动员离球台端线的远近距离。

近台：运动员离球台 40 ～ 50 厘米的范围；

中近台：运动员离球台 50 ～ 70 厘米的范围；

中远台：运动员离球台 70 ～ 100 厘米的范围；

远台：运动员离球台 100 厘米以外。

运动员的基本站位应根据个人的不同打法来确定：横拍攻削结合打法，站在中台中间；两面攻打法、左推右攻打法，站在近台中间偏左；以弧圈球为主的打法，站在中台偏左；以削球为主的打法，站在中远台中间。

#### （二）准备姿势

准备姿势是指击球员准备击球时身体各部位的姿势。运动员在每一次击球之前，均应使身体保持合理正确的准备姿势，有利于腿脚蹬地用力和腰、躯干各部位的协调配合与迅速起动。

准备姿势的动作要点：两脚平行站立，略比肩宽，身体稍右侧，面向球台。两膝微屈并内旋，前脚掌内侧着地，提踵，重心置于两脚之间。上体略前倾，含胸收腹，注视来球。执拍手和非执拍手均应自然弯曲置于体侧，前臂、手腕、手指自然放松，使拍面成半横状置于腹前。

## 二、握拍方法

总体来看，目前世界乒坛流行的握拍法依旧是横拍握法和直拍握法两种，可根据每个人不同的技术特点加以选择。正确的握拍法对调整击球时的引拍位置、拍形角度、拍面方向、发力方向等都有重要作用。

### （一）横拍握法

横拍握法因手指动作相似，均称"八字式"握法，握拍方法：虎口压住球拍右上肩，中指、无名指和小指自然地握住拍柄，拇指在球拍的正面轻贴于中指旁，食指自然伸直斜贴在球拍的背面。深握时，虎口紧贴球拍；浅握时，虎口轻微贴拍（见图7-1）。

图 7-1 横拍握法

横拍握法的优缺点如下：

优点：手指、手掌与球拍的接触面积较大，握拍相对稳定。左右的控球范围也较大，反手进攻易于发力，也适于拉弧圈球或由相持转入进攻。

缺点：回接左右两边的来球时，需要转动拍面，因此挥拍的摆速稍慢，中路较弱。另外正手处理台内球和发球的变化不及直拍。

### （二）直拍握法

直拍握法大体上可分为三种：快攻、弧圈和削球。

1. 直拍快攻的握拍方法

食指和拇指自然弯曲，食指的第二指关节和拇指的第一指关节分别压住球拍的两肩，食指与拇指间的距离要适中（一般为一指宽距离），中指、无名指、小指自然弯曲斜形重叠，中指的第一指关节侧面顶在球拍的背面约1/3处。这种握拍法是目前直拍近台快攻打法最常用的握法（见图7-2）。

162

图 7-2　直拍快攻的握拍方法

**2. 直拍弧圈的握拍方法**

拍前，拇指紧贴在拍柄的左侧，食指扣住拍柄，形成一个小环状，紧握拍柄；拍后，三指自然弯曲顶住球拍的中部（见图 7-3）。

图 7-3　直拍弧圈的握拍方法

**3. 直拍削球的握拍方法**

大拇指弯曲，并紧贴于拍柄的左侧，用力下压，其余四指自然分开扶住拍的后面。正手削球时，尽量使球拍后仰，减小来球冲力；反手削球时，拍后四指灵活地把球拍兜起，使拍柄向下（见图 7-4）。

图 7-4　直拍削球的握拍方法

直拍握法的优缺点如下：

优点：正反手都用球拍的同一面击球，出手时相对较快，手指与手腕比较灵活，易于调节拍形角度和拍面方向，在发球变化、处理台内球和近身球方面相对有利。

缺点：防守时，左右照顾面积较小，反手不易发力，回接弧圈球尤显被动。

## 三、发球和接发球技术

### （一）发球技术

在乒乓球技术中，发球是唯一不受对方来球制约的技术，它具有极强的主动性，可以选择自己最合适的站位，按照自己的意图把球发到对方球台的任意位置。在发球质量方面，要求做到速度快，旋转强，落点准确。在发球的变化方面，力求做到出手突然，动作隐蔽，在同一位置上，用相似的手法，在接触

163

球的一刹那，灵活地用手腕去摩擦球拍的不同部位发出各种变化的球，以造成对方判断错误，利于自己抢攻。

1. 平击发球

平击发球分正手平击发球和反手平击发球两种，它是一种运动速度慢、力量轻、旋转弱的一般上旋球，是初学者最基本的发球方式，也是掌握其他复杂发球的基础。

（1）正手平击发球

站在近台中间偏左处，抛球的同时右侧上方引拍，上臂带动前臂向前平行挥动，拍形稍前倾，在球的下降期击中球的中上部，向前方发力，使球的第一落点位于球台的中端附近。

（2）反手平击发球

站位于球台中间偏左处，右脚稍前或平行站立，身体略向左转，含胸收腹，将球抛至身体左侧前方的同时，向左后方引拍，右臂外旋，拍形前倾，在球的下降期击球的中上部，向右前方发力，使球的第一落点位于球台的中段区域。

2. 发奔球

奔球分正手奔球与反手奔球两种，它的特点是球速快，落点长，冲击力强，球的飞行弧线低。在比赛中，可运用奔球的速度和落点变化干扰对手，伺机抢攻。在对付削球类打法选手时，可先迫使其退后防守，再结合摆短打乱其击球的节奏，起到战术多变的作用。

（1）正手发奔球

左脚稍前，身体略微向右转，当球向上抛起的同时，执拍手随即向右后上方引拍，拍形稍前倾，腰向右转。当球下降至网高时，以肘关节为轴，上臂带动前臂由右后方向左前方挥动，触球瞬间运用手腕的弹击力量，再变化拍面发斜、直两线，提高隐蔽性，这时重心由右脚向左脚移动，注意还原（见图7-5）。

图 7-5    正手发奔球

164

（2）反手发奔球

右脚稍前，身体略向左转，当球向上抛起的同时，执拍手随即向左后方引拍，上臂自然靠近身体右侧，手腕适当放松，身体重心在右脚。当球下降至网高时，以肘关节为轴，上臂带动前臂由左后方向右前方挥动，使拍面稍前倾，摩擦球的左侧中上部。

### 3. 正手发左侧上（下）旋球

这种发球以旋转变化为主，飞行弧线向对方左侧偏拐，对方用平挡回击也向左侧上（下）反弹。它的动作幅度较小，出手快，两种发球动作相似，有一定的隐蔽性，是运动员在比赛中运用较多的发球方法。

动作要点：左脚在前，右脚在侧后，当球向上抛起的同时执拍手向右后上方引拍，身体随之向右转动，球拍稍后仰，手腕外展。当球下落时，手臂自右上方向左下方挥摆，在球拍触球的瞬间加大前臂、手腕的爆发力，增强球的旋转。随势挥拍的动作幅度要小，以便快速还原。发左侧上旋球时，球拍从球的右侧中下部向左侧面摩擦，并微微勾手腕以加强上旋。发左侧下旋球时，手臂自右上方向左前下方挥摆，球拍从球的右侧中下部向左侧下部摩擦，腰配合向左转动。

### 4. 反手发右侧上（下）旋球

与正手发左侧上（下）旋球基本相同。飞行弧线向对方右侧偏拐，对方用平挡回击也向右侧上（下）反弹。

动作要点：双脚开立，重心在右脚上。抛球的同时向左后方引拍，腰略向左转，拍面稍后仰，手腕适当内旋，当球下落时手臂自左下方向右下方挥摆。在触球瞬间加大前臂、手腕的爆发力，同时注意配合转体动作，使腰、臂协调用力，有利于加快发球的速度和增加发球的力量，以增强球的旋转。发右侧上旋球，触球时拍面从球的中下部向右侧上部摩擦（见图7-6）；发右侧下旋球，触球时拍面从球的左侧中下部向右侧下部摩擦；其他还有发短球、正（反）手高抛发球和下蹲式发球等。

**图 7-6　反手发右侧上旋球**

发球练习方法：徒手做发球前的站位和准备姿势练习，模仿抛球和发球的动作；先练习平击发球，再学发急球、左（右）侧上（下）旋的球；先练习发左、右斜线球，后练习发直线球；先练习发不定点球，后练习发定点球；练习用正反手发各种旋转性能的球；用同一种手法，练习发不同落点和各种旋转性能的球。

### （二）接发球技术

比赛中相对其他环节而言，接发球的难度最大。因为发球者在技术上没有任何限制，这样一来就大大增加了接发球的预测难度。所以不断提高接发球的能力，合理地把所掌握的技术运用到接发球中，是迅速提高比赛实战能力的关键。

在现代乒乓球比赛中，积极主动、抢先上手是总体的技术风格。以此为前提，接发球则是体现比赛中由防转攻、攻防转换的最常用方式。在相对被动的状态中，通过控制达到相持，再力争转入进攻，争取主动权是接发球中的基本指导思想。

**1. 站位的选择**

站位的选择是否合理，主要依据是这种站位能否为本方直接进攻创造一定的有利条件，而且还要观察对方发球的站位。一般来讲，如果对方站在球台左半台，本方也应站在球台左半台；若对方站在球台的右半台，则本方也应相应地调整至球台的中间偏右位置。为了便于照顾球台的各个部位，便于前后移动接长短球，站位离球台 30 ～ 40 厘米为宜。

**2. 对来球的判断**

正确的判断是接好发球的关键。

**3. 对旋转的判断**

乒乓球发球中常出现的旋转主要有左侧上、下旋，右侧上、下旋、转与不转等，并通过发球者利用各种发球方式，将这些旋转性质表现出来。

接发球练习方法：做回接对方单一发球的练习；练习回接侧上（下）旋球；控制好回接球的落点，先固定落点，后练习多点。

### 四、攻球技术

攻球是乒乓球技术中最重要的基本技术，是进攻型选手在比赛中争取主动权、克敌制胜的主要手段。攻球可分为正手攻球、反手攻球和侧身攻球。在每一部分技术中又分为快攻、快点、快拉、快带、突击、扣杀、中远台攻球、杀高球、放高球、滑板球等技术。每种技术的特点不同，所起的作用也不一样。

### （一）正手快攻

正手快攻具有站位近、动作小、出手快、多借力还击等特点。在比赛中，可直接得分或在相持中结合落点变化调动对方，伺机进行扣杀。

动作要点：左脚稍前，身体离台约 40 厘米，引拍至身体右侧方，左肩稍沉，重心移至右脚，拍形稍前倾呈半横状，拇指用力，食指放松，在上升期击球的中上部，配合前臂做旋内转动，向左上方挥拍，身体重心由右脚移至左脚。击球后，随势挥拍至前额，并迅速还原（见图 7-7）。

**图 7-7　正手快攻**

### （二）正手中远台攻球

正手中远台攻球具有站位远、动作幅度大、进攻性较强等特点，是攻球选手在相持阶段常用的一种基本技术。

动作要点：左脚稍前，身体离台约 1 米，前臂自然弯曲约与地面平行，手臂将球拍引至身体的右侧后方，同时上臂拉开和上体的距离。在来球的下降前期拍形前倾，击球的中部并向上摩擦。上臂带动前臂加速向左前方挥动，腰和腿转动配合发力。击球后，手臂继续向左前上方顺势挥动，并迅速还原。

### （三）反手快攻

反手快攻具有站位近、动作小、球速快、攻击性强等特点。在比赛中，反手快攻是直、横拍握法两面攻选手最常用的一种基本技术。

动作要点：反手攻打上旋球时，右脚稍前，同时身体左转，右肩前顶略下沉，肘关节靠近身体，上臂与前臂夹角约为 130°。向左侧方引拍，使拍略高于来球，以上臂带动前臂由左后方向右前方挥动，手腕配合外旋，在来球的上升后期或高点期击球的中部或中上部。反手攻打下旋球时，拍形垂直或略后仰，以肘关节为轴，以前臂发力为主在来球的下降前期击球的中部或中下部。球拍多摩擦球，制造一定的上旋。

攻球技术练习方法：徒手模仿各种攻球动作练习。例如，推攻练习：一人推挡，一人练习正手攻球或反手攻球，力量逐渐加大，速度逐渐加快；两点攻一点练习：推两点，攻一点；一点攻两点练习：攻球者从一点攻对方两点；对攻练习：正手对攻斜线，正手对攻中路，侧身对攻斜线；推攻结合练习：对推中抢攻，左推右攻，正反手两面攻。

## 五、推挡技术

推挡是我国直拍快攻打法的基本技术之一，它具有站位近、动作小、球速快、稳定性比较高等特点。在对攻中可以用快推或加力推结合落点变化来调动对方，争取主动权。

### （一）平推球

平推球是指借助对方来球反弹力进行挡击的一种技术，具有球速慢、力量轻、旋转变化小等特点。平推球动作简单，容易掌握，是初学者的入门技术。

动作要点：左脚稍前或两脚平行约与肩宽，两膝微屈，身体离球台30～50厘米，手臂自然弯曲，球拍置于腹前，前臂与台面几乎平行，将球拍引至身体的前方，拍形成半横状，约与台面垂直，在来球的上升期击球的中部，食指用力，拇指放松，前臂和手腕稍向前迎击，借助来球的反弹力将球击回。击球后手臂、手腕随势前送，并迅速还原成击球前的准备姿势。

### （二）快推球

快推球具有动作小、回球速度快、变化多、稳定性比较好等特点。在比赛中，可用落点变化控制对方起到助攻作用。

动作要点：左脚稍前，上臂内收自然靠近身体右侧，击球前手臂适当后撤引拍，前臂稍外旋，在来球的上升期拍形前倾，手腕外展，击球的中上部，食指用力，拇指放松，击球后手臂、手腕继续向前随势挥动，距离要短，并迅速还原成击球前的准备姿势（见图7-8）。

图 7-8  快推球

### （三）加力推

加力推具有回球力量大、速度快、落点长等特点。在比赛中运用加力推能压制对方攻势，迫使对方后退离台，陷入被动防守的局面。加力推与减力挡配合使用能更有效地控制对方，是反手相持时由被动转为主动的技术之一。

动作要点：左脚稍前，身体离台40～50厘米，手臂自然弯曲并做外旋。在击球时，前臂提起，上臂后收，肘部适当贴近身体。引拍位置稍高，触球瞬间拍形前倾，食指用力，拇指放松，在上升后期或高点期击球中上部，前臂和手腕加速向前下方推压，腰、髋顺势转动配合发力。击球后，手臂和手腕继续向前下方随势挥动，并迅速还原成准备姿势。

### （四）推下旋球

推下旋球具有弧线低、回球落点长、球呈下旋、落台后下沉快等特点。在对攻中使用推下旋球，能使对方推下网或对推时不易发力而被动，以防对方直接得分或为进攻创造机会。

动作要点：左脚稍前，身体离台约40厘米，重心偏高，上臂后引，前臂上提，拍形稍后仰。

在高点期或下降前期击球的中下部，前臂向前下方推切以增强球的下旋。击球后，手臂和手腕继续向前下方随势挥动，但距离不宜太长，并迅速还原成准备姿势。

### （五）推侧旋球

推侧旋球具有弧线低、角度大、回球线路短、有些拐弯等特点。由于击球部位是来球的弱转区，所以是对付弧圈球的一种有效方法。

动作要点：左脚稍前，身体离台约40厘米，前臂上提将球拍引至身体前方。在来球的上升期，拍面稍前倾，由球体的左侧中上部向左侧下部摩擦球，并向左前下方用力。推变直线时手腕内旋使球拍面朝前，触球的右侧中上部，向前发力。

推挡技术练习方法：徒手模仿推挡动作；两人台上对练挡球；反手推斜线练习，逐渐加速和加力；先对推斜线，再对推直线；一点推两点或推不同落点；推攻结合练习。

## 六、搓球技术

搓球是近台还击下旋球的一种基本技术，是用类似削球的动作回击对方发出来或削过来的下旋球，亦称"小削板"。它的技术特点是动作幅度不大，出手较快，过网后球的弧线较低，旋转与落点变化较丰富。用它来对付下旋球是一种比较稳妥的方法，也是初学削球必须掌握的入门技术，常用于接发球或过渡球，为进攻创造机会。

### （一）慢搓

慢搓具有动作幅度较大、回球速度较慢、稳定性强等特点，适用于回接旋转较强、线路稍长的来球。如与快搓结合，能变化击球的节奏。

#### 1. 正手慢搓

右脚稍前，站位近台，前臂和手腕外旋使拍面稍后仰，身体略向右转，向右上方引拍。在来球的下降前期用球拍的下半部摩擦球的中下部，前臂加速向前下方用力的同时手腕内旋配合用力。击球后，前臂随势前送，立即放松并迅速还原。

#### 2. 反手慢搓

左脚稍微靠前，站位近台，前臂和手腕内旋将球拍引至身体左上方，拍面后仰，在来球下降前期用球拍的下半部摩擦球的中下部，前臂加速向前下方用力的同时，手腕外展配合用力。击球后，前臂随势前送，立即放松并迅速还原。

### （二）快搓

快搓具有击球动作幅度较小、回球速度快、弧线低、借助对方来球的前冲力进行回击等特点。

#### 1. 正手快搓

站位近台，身体重心前移靠近来球，前臂外旋向右上方提起，后引动作稍小。击球时，拍面稍微后仰，前臂主动伸迎球，在来球上升期击球中下部，借对方来球的冲力，前臂手腕适当用力向前下方挥动。随势挥拍动作尽可能小一些。

#### 2. 反手快搓

站位近台，身体重心前移靠近来球，手臂自然弯曲，手腕适当放松，球拍稍微向后引至腹前。击球时，拍面稍后仰，在来球上升期击球的中下部，借对方来球的冲力，前臂手腕向前下方用力。随势挥拍动作应小一些。

搓球技术练习方法：徒手模仿搓球动作；对搓练习；搓球与搓球起板结合练习；正反手搓球结合练习。

## 七、弧圈球技术

弧圈球是一种将力量、速度和旋转结合为一体的进攻性技术，是比赛中的主要得分手段。

### （一）加转弧圈球

#### 1. 正手拉加转弧圈球

左脚在前，身体重心较低。手臂自然下垂向右后方引拍，身体随之向右转动，右肩下沉，重心在右脚上。拍触球时拍面稍向前倾，上臂带动前臂向前上方挥动，手腕配合发力，身体向左侧转动。在来球的下降前期击球的中部或中上部，在摩擦球的瞬间迅速收缩前臂加大摩擦力。击球后，身体稍向上抬起，随势挥拍至头部高度，重心移至左脚，并迅速还原（见图 7-9）。

**图 7-9　正手拉加转弧圈球**

#### 2. 反手拉加转弧圈球

两脚平行或右脚稍前，两膝微屈，重心在两脚间。右肩下沉，球拍引至腹前下方，腹部内收，肘关节稍向前顶出，手腕内旋，拍面稍向前倾，以肘关节为轴，前臂快速向右前上方挥动。在来球的下降前期用力摩擦球的中上部，两腿向上蹬伸，身体稍后仰以辅助发力。击球后，随势挥拍并迅速还原。

### （二）前冲弧圈球

#### 1. 正手拉前冲弧圈球

左脚稍前，根据来球情况选择站位远近。向右后方引拍时腰向右转动，重心移至右脚。击球时拍面前倾，在上臂带动下加速向前上方挥动，手腕配合发力，在来球的上升后期或高点期摩擦球的中上部。随势挥拍后迅速调整身体重心并还原。

#### 2. 反手拉前冲弧圈球

两脚平行或右脚稍前，两膝微屈，重心在两脚间。右肩下沉，球拍引至大

171

腿内侧，肘关节稍前顶，手腕内旋。击球时拍面稍前倾，以肘关节为轴，前臂快速向前上方发力。在来球的高点期摩擦球的中上部，同时两腿向上蹬伸，随势挥拍后迅速还原。

弧圈球技术练习方法：徒手模仿弧圈球击球动作；一人推挡或削球，另一人练习拉弧圈球；综合技术的拉弧圈球练习。

## 八、削球技术

削球通过旋转和落点变化米控制对方，使对方直接失误或为自己创造进攻机会。在乒乓球运动的发展历程中，削球打法作为一种主要的打法类型，始终在世界乒坛占有重要的地位，削球技术包括正（反）手近、远削球，削追身球和削弧圈球。

### （一）正（反）手近削球

动作小，球速快，前冲力强，站位离台较近，拍面稍后仰，前臂用力向左（右）前下方挥动，手腕配合卜压，在高点期摩擦球的中下部。

### （二）正（反）手远削球

动作大，球速慢，弧线长，回球下旋，站位离台1米以外，击球时手臂向左（右）前下方挥动，拍面后仰，手腕在拍与球接触瞬间向下加力，在来球下降期摩擦球的中下部。

削球技术练习方法：徒手模仿削球动作练习；用正反手削回对方发球；削直线、斜线、转与不转球的综合练习；削中反攻练习。

## 九、步法

### （一）步法的基本要求

步法是指乒乓球运动员为选择合适的击球位置所采用的脚步移动方法，它是乒乓球击球环节中的一个重要组成部分，也是一名优秀运动员必须掌握的重要技术。随着乒乓球技术的快速发展，步法也越来越显示出其重要性，它是及时、准确地使用与衔接各项技术动作的枢纽，也是执行各项技术的有力保证。

在打乒乓球时，对步法的基本要求有两条：一是反应判断要快，二是脚步移动要灵活。也就是要在合适的时间跑到合适的位置，以便在该技术所要求的最佳击球时间、最适宜的击球点位置击球。

### （二）步法的种类及动作要点

从移动范围来说，乒乓球步法有大、中、小三种不同范围；从移动方向来说，有前、后、左、右、斜前方、斜后方等不同移动方向；从移动形式来说，有平移动、滑动、跳动等。一般来说，乒乓球步法的种类有单步、并步、跨步、跳步、垫步、交叉步、侧身步、小碎步等。

1. 单步

单步一般在来球离身体不远的小范围内运用。它具有移步简单、重心平稳等特点，在还击近网短球或追身球时常采用此步法。

动作要点：以一只脚的前脚掌为轴，另一只脚向前、后、左、右不同方向移动，当移动完成时身体重心也随之落到移动脚上（见图 7-10）。

2. 并步（亦称换步或滑步）

并步的移动幅度比单步要大（见图 7-11），它在移动时没有腾空动作，重心起伏小，能保持身体的平衡和稳定。进攻型选手或削球型选手在左右移动时采用此步法。

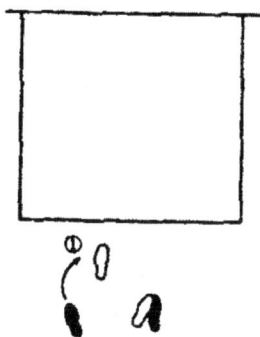 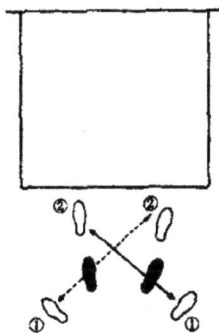

图 7-10　单步　　　　　　　　图 7-11　并步

3. 跨步

跨步的移动幅度较大，常会降低身体重心的高度。近台快攻打法在还击正手位大角度来球时用此步法较多。削球选手有时也会用它来应付对方的突然攻击。

动作要点：来球方向异侧脚用力蹬地，另一只脚向来球方向侧跨一大步，蹬地脚迅速跟着移动，球一离拍后应立即还原，保持准备姿势（见图 7-12）。

4. 跳步

跳步移动时，常会有短暂的腾空时间，因此，通常依靠膝关节的缓冲来减少重心的上下起伏。跳步在来球较快、角度较大时采用，是弧圈球打法在中台向左、右移动或侧身移动时常采用的步法。

动作要点：来球异侧方向脚的前脚掌内侧用力蹬地，使两脚同时离开地面向前、后、左、右跳动，蹬地脚先落地（见图7-13）。

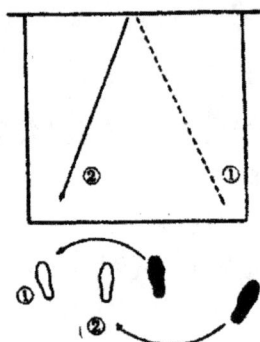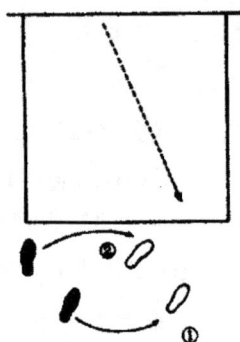

图7-12  跨步　　　　　　　图7-13  跳步

5. 垫步

垫步一般用于还原身体重心或脚距，调节击球的姿势。

动作要点：两脚的前脚掌几乎同时上下轻轻跳一下或垫一下，有时两脚不离开地面。垫步可以向前、后、左、右移动，其要点体现在"垫"上，垫的动作幅度只相当于正常步法的半步。

6. 交叉步

交叉步主要用来对付离身体比较远的来球，其移动幅度和范围都比较大。弧圈球和快攻型打法在侧身进攻后扑右大角空当，或从正手位返回到反手位大角度，以及削球选手在做前、后移动时均可使用此种步法。

动作要点：交叉步应先以靠近来球方向的脚步为支撑，使远离来球的脚迅速向前、后、左、右不同的方向跨出一大步，而原来作为支撑的脚跟着前脚的移动方向再迈一步。在移动时膝关节始终保持弯曲，与来球方向同侧脚外旋，异侧脚内旋，腰、髋迅速转向来球方向，与挥拍击球同步进行（见图7-14）。

7. 侧身步

严格地说，侧身步不是一种独立的步法，它是根据乒乓球实战的具体情况在侧身位的应用，是当来球逼近击球员身体或来球至击球员反手位时，击球员采取侧身正手进攻的方法（见图7-15）。

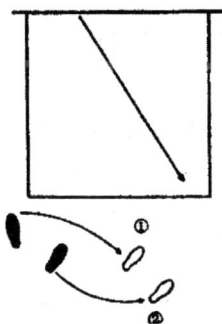
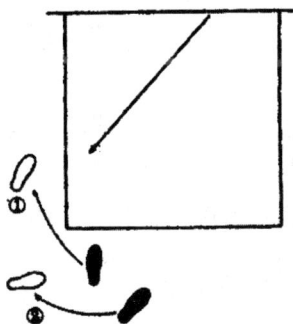

图7-14　交叉步　　　　　　　图7-15　侧身步

常用的侧身步有单步侧身、跨步侧身、跳步侧身、交叉步侧身等，其动作要点和作用如下：

①单步侧身。右脚向左脚后方跨一步后侧身击球。这种侧身移动速度较快，移动幅度很小，通常在来球处于身体中间附近的位置时或与对方相持的情况下使用。

②跨步侧身。左脚向左侧跨一步，右脚向左侧后方移动，同时上体收腹侧转腰，重心落在右脚上。它具有移动较快、范围较小、侧身较充分、发力较大等特点，快攻打法较多采用此法。

③跳步侧身。跳步侧身基本上和正常的跳步的动作要点一样，跳动中腰、髋向同侧腿方向转动。它的移动速度比单步和跨步侧身要慢一些，但移动的范围较大，让位较充分，有利于正手发力攻球或发力拉、冲弧圈球。

④交叉步侧身。交叉步侧身基本上和正常的交叉步的动作要点一样，在移动的同时要注意腰、髋关节配合向右后方转动让位。它主要在来球离身体较远时采用，其移动范围比跳步大，让位更充分，对弧圈球选手的发力抢冲比较有利。

步法的练习方法：先做单一的步法练习，再做综合步法练习；进行规定数量的步法练习；结合各种技术进行步法练习；步法练习结合专项身体素质练习，增强下肢力量。

# 第二节　乒乓球运动基本战术

乒乓球运动的战术，是指乒乓球运动员在比赛中为战胜对手所采取的计谋和行动。这些计谋和行动是以技术为基础的，一个运动员的基本技术越全面、扎实，他的战术运用就越灵活多样。乒乓球运动的基本战术主要有以下几种。

## 一、发球抢攻战术

发球抢攻，是各类打法力争主动、先发制人的一项战术，是比赛的重要得分手段。发球抢攻战术运用得好，常能打乱对方整个战略部署，造成对方的紧张和慌乱，特别是在关键时刻，其威力更为突出。各种打法常用的发球抢攻战术，主要有以下几套。

### （一）正手发转与不转球后抢攻

一般以发至对方中路或右方短球为主，配合左方长球。这套战术开始发短的下旋球为好，以控制对方不能抢攻或抢拉，然后再发不转球抢攻。不转球，一般也先发短的，或发至对方攻势较弱的一面，伺机抢攻。

### （二）正手发高、低抛左侧上、下旋球后抢攻

此套发球抢攻战术可发至对方中左短、左大角、中左长、中右（向侧拐弯飞行正好至对方怀中）和右短，配合一个直线奔球，若抢攻和发球落点方向相反的落点则威胁更大。

左手执拍的选手采用此套发球抢攻战术，威胁更大，一般多侧身发高抛至对方右近网并拐出边线，待对方轻拉起来，可用反手狠压一板直线，也可侧身用正手反拉，或直接得分，或为下板球的连续进攻制造机会。

### （三）反手发右侧上、下旋球后抢攻

此套发球抢攻战术一般发至对方中右近网处或半出台落点，配合发两大角长球。两面攻选手，特别是擅长反手进攻的选手常采用此战术。利用发球旋转的变化正反手两面上手，抢拉、抢冲或反拉、反撕，尤其反手起板，出手快，突然性强，使对方较难防御。

### （四）反手发急上、下旋球后抢攻或抢推

此战术在运用时，可分为下面两种情况。

①反手发急上旋球至对方反手后，侧身抢攻。急球必须发得快、力量大、

线路长,且有一个直线急球配合。

②擅长反手推挡的选手,或遇到对方反手推攻较差的选手,可发急下旋球,若对方搓球回接,必然不好控制短球,可用正手或侧身抢攻;若对方向上轻托,可推挡加推压或侧身抢攻。

为增强上述战术的效果,还可与发右方小球配合运用,以长短互相牵制,相得益彰。

### (五)下蹲发球后抢攻

可以将左侧上、下旋球与右侧上、下旋球结合运用,落点有长短变化。对于常用搓球接发球的选手,应以发上旋球为主。抢攻的落点要灵活变化,攻击对方的弱点或声东击西。

### 二、接发球战术

接发球战术是与发球抢攻相抗衡的一项战术,目的是破坏对方的发球抢攻,争取在接发球时形成相持或主动的局面。

在比赛中,处理接发球的好坏,直接影响着整个战局能否获得主动权和心理的稳定。所以,接发球战术必须树立积极主动的思想,最大限度地控制对方的发球抢攻、接发球(第二板)和接球后的抢攻或防守(第四板)。

常用的接发球战术有以下几种。

### (一)接发球抢攻

这是最积极主动的接发球方法,在无遮挡发球规则下,世界各国的优秀选手越来越重视接发球抢攻战术。其中,短球可用"快点",长球或半出台球可抢攻或抢冲。两面攻的选手则可发挥其两面抢攻的特长。

在运用此战术时,需注意:对于对方发球的旋转要判断清楚,步法移动要迅速,以保证在最佳的击球点和击球时间击球。

### (二)用拉、拨或快推的方法将球击至对方弱点处,争取形成对攻的相持局面

在难以完成高质量的接发球抢攻时,先将球拉(或拨与推)至对方不易反攻处,继而形成相持局面。擅长打相持球的选手常采用此战术。

### (三)以摆短为主,结合劈两大角长球,争取下一板的主动上手或反攻

此法主要用于对方发过来的强烈下旋球或下旋短球,以控制对方的直接抢攻、抢拉。

运用此战术时，需注意：接发球后要尽量主动上手，避免连续搓过多板；对于对方发的侧上旋或不转球，不宜搓接，以免回球过高被对方抢攻。

### （四）稳健控制法

一般在攻对削、削对攻或削对削时采用，利用拉、推、拱、搓、削等技术接发球，主要注重接发球的命中率，以稳为主，但也需注意手法、落点的变化和对弧线的控制，以防对方抢攻。

### （五）接短球

此战术是在对方为控制我方的抢攻而发短球时所采用的积极回球的方法，可分为以下两种。

①快摆结合劈长：在对方发旋转的短球时，可以快摆为主结合劈长。

②挑打或晃撇：在对方发侧上或不转短球时，可大胆挑打；对于不转球还可以利用身体的晃动，将球撇至对方反手大角，由于伴有身体的晃动，使对方不敢轻易侧身。

### 三、对攻战术

对攻是进攻型选手相遇时，从发球、接发球转入相互对抗，形成攻对攻的局面，双方利用速度、旋转、落点变化和轻重力量进行控制与反控制，力争主动的一种重要手段。快攻打法的对攻战术主要是利用其快速多变的特点来调动对方，以达到攻击对方的目的。快攻对付以弧圈为主的打法，其作战方针主要是用速度、落点和轻重力量的变化迫使对方难以发挥旋转的作用，打不出高质量的弧圈球。快攻对付以快攻为主的打法，其作战方针主要是用速度、力量和落点的变化迫使对方难以发挥速度和力量的作用，从而陷入防守的局面。快攻打法的各种具体对攻战术，主要是由左推右攻或正、反手攻球结合变化落点和轻重力量组成的。

弧圈类打法的对攻战术，主要是利用旋转的弧圈球，配合速度和落点变化，力争主动。弧圈打法对付快攻打法，其作战方针主要是利用强烈旋转球的特点，配合速度变化来牵制对方，使对方难以发挥快速的特长，从而达到攻击对方的目的。弧圈打法对付弧圈打法，其作战方针主要是抢先用强烈旋转球来压住对方，迫使对方难以发挥旋转与速度的作用，从而达到攻击对方的目的。弧圈打法的各种具体对攻战术，主要是由正、反手拉弧圈球和反手快攻，正手扣杀以及变化旋转、落点、速度组成的。

### （一）压对方反手，伺机正手攻或侧身攻

①一般用于对付反手较弱或进攻能力不强的对手。

②压对方反手时，可用推挡、反手攻或弧圈球。

③压对方反手准备侧身攻之前，应主动制造机会，或突然加力一板，或攻压一板中路，或攻压一板大角度，尽量避免盲目侧身攻。

### （二）压左调右（亦称压反手变正手）

1. 适用范围

①自己反手不如对方反手时，主动变线避实就虚。

②若对方侧身攻的意识很强，用变其正手的方法，既可偷袭空当，又可牵制对方的侧身攻。

③对付正手位攻击力不够强的选手。

④如果自己正手攻击力较强，主动变对方正手后伺机正手攻。

⑤如果自己反手攻击力很强，可在变对方正手位时直接得分或取得主动。

⑥左手执拍的选手用此战术较多。因变线的角度大，右手执拍的选手往往被动。

2. 运用此战术时应注意的问题

①变线的回击球应有质量。如推挡变线应强一点，这样对方跑过去难以发力，自己侧身抢攻就比较容易。

②避免习惯性变线，以免对方适应，自己反遭被动。

③应主动变线，切忌被动变线，否则易给对方提供抢攻的机会。

### （三）压左等右

所谓压左等右，是指紧压对方反手，等着对方变线，自己用正手抢攻。多在对方采用压左调右的战术时使用。运用此战术时，压对方反手要凶一些，否则对方变线较狠，自己往往被动。

### （四）调右压左

1. 运用方法

先打对方正手，将其调到正手位并被迫离台后，再打其反手位。注意，调整正手位的这板球要凶，否则易遭对方攻击。

2. 适用范围

①适用于对方左半台进攻能力比较强，压对方反手位不占优势时。如我国

快攻手在对付擅长侧身抢攻（冲）的单面攻选手时常采用此战术。

②适用于对付正手位进攻能力不强，或反手位只能近台、不擅离台的直拍快攻选手。这是目前欧洲选手对付不会反手攻球的直拍快攻手的主要战术。

### （五）用加减力量压对方反手，伺机抢攻

运用此战术时，一般应先用加力推（攻）将对方压下去，再用减力挡将其诱上来，然后伺机加力扣杀。如果仅有减力挡而没有加力推就容易招来被动。

### （六）连压对方中路或正手，伺机抢攻

一般在下列情况下运用此战术。

①对方的反手攻击力量较强。

②对方采用两面拉（攻）打法，但反手强，正手弱。

③对方虽为两面攻选手，但中路球习惯侧身攻。

## 四、拉攻战术

拉攻战术是进攻打法对付削球打法的主要战术。快攻的拉攻战术主要利用拉球的落点变化创造机会，进行突击和扣杀，迫使对方后退防守，从而达到控制对方，赢得主动权的目的。拉攻战术首先要求拉得稳，并有落点和轻重力量的变化，以便为突击创造机会，有时还能直接得分。拉攻的主要得分手段是突击和扣杀，尤其是中等力量的突击技术，体现了快攻打法的快速特点，经常会使对方因措手不及而失分，或回出高球。

### （一）主拉一角，伺机以自己的特长线路突击或中路追身

具体拉哪一角，可从两方面考虑。

①选择对方削球较弱（不稳或旋转变化不强）的一面。

②拉对方攻势较弱的一面。

选择这样的拉球线路，既容易寻找突击的机会，又可避免（或减少）对方的反攻。

突击的难度比拉球大，应从自己最擅长的线路突击，可以提高命中率。中路追身是削球手的共同弱点，易出高球或直接失误。所以，突击中路是较好的选择。但是，突击中路的技术难度较大，应注意在平时训练中狠抓这一技术的训练。

### （二）拉中路杀两角或拉两角杀中路

拉中路杀两角，是从中路找机会，然后杀两角得分，对付站位较近或控制

落点较凶的削球手效果尤好。中路球不好削，难以削出落点很凶的球，所以突击的机会比较多。拉两角杀中路，是从两角找机会，然后突击中路得分（或突击中路后使对方削出更高的机会球，再大力扣杀两大角）。

### （三）拉左杀右或拉右杀左

这两个基本战术实际是拉一角杀另一角。一般是拉对方削球或反攻较弱的一角，扣杀另一角。拉与杀线路的变化，常使对方因不适应而导致被动或失误。

### （四）拉斜杀直或拉直杀斜

这两个基本战术各具特点。拉斜线比较保险、稳健；杀直线突发性强，速度快，但技术难度较大。拉直线仅从线路来讲技术难度较大，但拉球本身技术难度小，较稳健；杀斜线比杀直线容易，命中率也高。比赛中具体采用哪个战术，还需根据对方和本人的情况而定。一般来说，拉斜杀直比拉直杀斜运用得多。

### （五）拉长球配合拉将出台的球，伺机突击

①先拉长球至对方端线处（包括小上旋和弧圈球），迫使对方后退削球，再突然拉一板中路偏右的短球（将出台），使对方难以控制而削出高球，突击得分。

②先拉将出台的轻球，再发力拉接近端线的长球，使对方因来不及后退而削出高球或失误。若能拉出将出台的强烈上旋的弧圈球，再配合前冲的长球，则效果更好。

### （六）变化拉球的旋转，伺机突击

拉弧圈球的选手，可拉真（强烈上旋）、假（不转）及侧旋弧圈球。一般拉球的选手可拉上旋和侧旋球，用旋转的变化来增加削球的难度。如能将侧旋球拉至对方中路，则效果更好。

### （七）拉搓、拉吊结合，伺机突击

运用此战术时，一定不要搓、吊过多，否则自己越搓（吊）越软，对方还会利用此机会反攻。为防对方的反攻，搓球和吊球的弧线一定要低并讲究落点。一旦对方反攻，应坚决回击好第一板，使其难以连续进攻。

### （八）稳拉为主，伺机突击

这是使用胶皮拍的直拍削球手或攻削结合打法运动员，在对付削球时的一种战术。他们一拉就是十几板，然后再伺机发力攻。遇反攻能力较强的削球选手时，应慎用。

### （九）攻中防御

在运用拉攻战术时，不可避免地会遇到对方的反攻。此时必须加强积极的防御。当对方进行削中反攻时，应尽量采取推挡变线和正手打回头来压住对方的第一板攻球，使其不能连续进攻。若对方两边进攻可压其中路，对方单面攻可压其两角。若对付攻守结合打法则要做好对攻的准备。

以上的拉攻战术，可根据自己的特长线路和对手的具体情况灵活运用。在实战中，有时往往是几套战术交替在一起使用，有时则会专用其中某一套。这些都要根据当时的具体情况而决定，除非对方有明显的缺陷，否则不宜运用得太死板。

## 五、削中反攻战术

削中反攻战术，是用削球变化旋转和落点，迫使对方在走动中回击失误或接出机会球，伺机进行反攻。运用削中反攻战术的基础是削球。首先，要求削球能与对方拉攻形成相持或主动的局面，能为进攻创造条件。其次，要求具备走动中的进攻能力，以便不失时机地进行反攻。

### （一）削转与不转球，伺机反攻

这是削球中反攻常用的基本战术。一般是先削加转球，使进攻型选手难以抢冲，并使其拉得手臂发硬后，突然送出不转球，伺机反攻。

在具体运用中，有时还削加转球至对方反手，削不转球至对方正手，伺机进行反攻。还有人以连续削球接近端线的不转长球为主，使对方拉球失误或自己伺机反攻。

使用不同性能球拍的削球选手，应充分发挥武器的特点，不仅反手擅长倒拍削球，正手也应掌握此项技能。著名削球手陆元盛当年使众多攻球手败北，重要原因就是他正手的倒拍削球使对方很难适应。

### （二）逼两角，伺机反攻

有两种方法：一是先逼左角，再逼右角；二是先逼右角，再逼左角。对手右方攻势强的先逼其左角，对手左方攻势强的（如擅长侧身拉攻）先逼其右角，不能使对方站定等着打。

此战术若能和旋转变化相结合则效果更好。如先逼对方右角，再突击其左角，配合转与不转的变化，对方在来不及侧身攻时，多以搓球过渡，判断不清就容易出高球或下网，削球选手可伺机反攻。

### （三）接对方突击球时，逢斜变直，逢直变斜

削球手在接突击球时往往是接过去就算，结果常遭对方连续攻击，最终难免失分。为在被动中争得主动，应采用"逢直变斜，逢斜变直"的战术，使对方不能站在一个固定的位置上击球，增加连续进攻的难度。

### （四）破对方长短球

①如果对方吊的小球较高，位置也合适，削球手应果断地上前反攻。

②如果对方吊的小球又短又低，很难反攻，可采用摆短、劈两大角或控制一板到对方攻势较弱的地方，不让其起板突击，争取自己抢攻。

③如果发现对方在有意识地实施吊小球的战术，可主动削出对方端线的不转长球。这样对方很难再吊小球，若硬要放小球也很容易出机会球，削球手可上前抢攻。

## 六、搓攻战术

搓攻是削中反攻和攻守结合类打法的主要进攻战术，又是快攻类打法对付攻球和削球打法的辅助战术。它主要是利用搓球的旋转和落点变化控制对方，为进攻创造机会，以达到攻击对方的目的。使用两面不同性能球拍的选手，利用倒拍搓球来创造机会，更是加强主动进攻的重要手段。

因弧圈球技术不断发展，对搓球的要求也相应提高，不仅要有旋转和落点变化，还要加上速度才能控制对方，使自己能抢先拉起或突击。

### （一）先搓反手大角，再变直线，伺机进攻

主要用来对付反手不擅长进攻的选手。先逼住对方反手大角，视其准备侧身攻或将注意力都放到反手后，就变线至其正手，伺机抢攻。

### （二）搓转与不转球后，伺机反攻

一般先以搓加转球为主，然后用相似的动作搓不转球，对方不适应或一时不慎就会将球搓高，为自己创造进攻机会。在运用旋转变化时，最好能与落点相结合，二者相辅相成。

### （三）以快搓（或摆短）短球为主，配合劈两大角长球，伺机进攻

短球，特别是加转短球，对方抢攻的难度比较大，但只是短球对方又较容易适应，近年来欧洲选手攻台内短球的技术有很大提高，所以，应注意用两大角长球配合。

对付进攻型选手（尤其是弧圈球选手）时，应特别讲究搓球的速度和落点，并尽量少搓，树立搓一板即攻的指导思想。

### （四）搓中转快攻

①对搓中先拉一板弧圈或小上旋，迫使对方打快攻。

②搓中突击：直拍正胶快攻选手，在遇到旋转不特别强烈或位置比较合适的搓球时，应大胆运用搓中突击或快点的技术，由此转入连续进攻。

③搓中变推：遇对方搓过来的不转球（包括长胶、防弧圈球拍搓过来的球），直拍进攻型选手可用推挡对之，由搓变推，转为快攻。

# 第八章　武术运动

## 第一节　初级长拳（第三路）

### 一、初级长拳的基本特点

长拳是一种姿势舒展大方，动作灵活快速，蹿蹦跳跃、闪展腾挪、起伏转折、勇猛有力、节奏鲜明、动作流畅、一气呵成的武术套路。长拳的种类较多，又各有其不同的技术特点和运动风格，如初级长拳第三路，动作幅度、关节的活动范围较大，内容结构较为复杂，不仅有利于提高肌肉的弹性、收缩力和关节的灵活性、柔韧性，而且有利于改善心肺系统和中枢神经系统等器官系统的机能，全面提高身体素质。

### 二、初级长拳的动作名称

预备动作：虚步亮掌；并步对拳。

第一段：左弓步冲拳；左弹腿冲拳；马步冲拳；右弓步冲拳；右弹腿冲拳；大跃步前穿；弓步击掌。

第二段：虚步栽拳；提膝穿掌；仆步穿掌；虚步挑掌；马步击掌；叉步双摆掌；弓步击掌；转身踢腿马步盘肘。

第三段：歇步抡砸拳；仆步亮掌；弓步劈拳；换跳步弓步冲拳；马步冲拳；弓步下冲拳；叉步亮掌侧踹腿；虚步挑拳。

第四段：弓步顶肘；转身左拍脚；右拍脚；腾空飞脚；歇步下冲拳；仆步抡劈拳；提膝挑掌；提膝劈掌弓步冲拳。

结束动作：虚步亮掌；并步对拳；还原。

### 三、初级长拳的套路

#### （一）预备动作

两脚并步站立，两臂垂于身体两侧，五指并拢贴靠腿侧，眼向前平视（见图 8-1）。

图 8-1　预备动作

1. 虚步亮掌

如图 8-2 所示，右脚向右后方撤步成左弓步；右掌向右、向上、向前画弧，掌心向上；左臂屈肘，左掌提至腰侧，掌心向上。目视右掌。右腿微屈，重心后移。左掌经胸前从右臂上向前穿出伸直；右臂屈肘，右掌收至腰侧，掌心向上。目视左掌。重心继续后移，左脚稍向右移，脚尖点地，成左虚步。左臂内旋向左、向后画弧成勾手，勾尖向上，右手继续向后、向右、向前上画弧，屈肘抖腕，在头前上方成亮掌（即横掌），掌心向前，掌指向左。目视左方。

图 8-2　虚步亮掌

2. 并步对拳

如图 8-3 所示，右腿蹬直，左腿提膝，脚尖里扣，上肢姿势不变。左脚向前落步，重心前移。左臂屈肘，左勾手变掌经左肋前伸；右臂外旋向前下落于左掌右侧，两掌同高，掌心均向上。右脚向前上一步，两臂下垂后摆。左脚向右脚并步，两臂向外向上经胸前屈肘下按，两掌变拳，拳心向下，停于小腹前。目视左侧。

图 8-3　并步对拳

## （二）第一段

1. **左弓步冲拳**

左脚向左上一步，脚尖向斜前方；右腿微屈，成半马步；左臂向上、向左格打，拳眼向后，拳与肩同高；右拳收至腰侧，拳心向上；目视左拳。右腿蹬直成左弓步；左拳收至腰侧，拳心向上；右拳向前冲出，高与肩平，拳眼向上；目视右拳（见图 8-4）。

2. **左弹腿冲拳**

重心前移至左腿，右腿屈膝提起，脚面绷直，猛力向前弹出伸直，高与腰平；右拳收至腰侧，左拳向前冲出；目视前方（见图 8-5）。

图 8-4　左弓步冲拳　　　　图 8-5　左弹腿冲拳

3. **马步冲拳**

右脚向前落步；脚尖里扣，上体左转；左拳收至腰侧，两腿下蹲成马步，右拳向前冲出；目视右拳（见图 8-6）。

4. **右弓步冲拳**

上体右转 90°，右脚尖外撇向斜前方，成半马步；右臂屈肘向右格打；拳眼向后，目视右拳；左腿蹬直成右弓步，右拳收至腰侧，左拳向前冲出，目视左拳（见图 8-7）。

图 8-6　马步冲拳　　　　　　　　图 8-7　右弓步冲拳

**5. 右弹腿冲拳**

重心前移至右脚，左腿屈膝提起，脚面绷直，猛力向前弹出伸直，高与腰平；左拳收至腰侧，右拳向前冲出；目视前方（见图 8-8）。

图 8-8　右弹腿冲拳

**6. 大跃步前穿**

左腿屈膝，右拳变掌内旋，以手背向下挂至左膝外侧，上体前倾，目视右手；左脚向前落步，两腿微屈，右掌继续向后挂，左拳变掌，向后、向下伸直，目视右掌；右腿屈膝向前提起，左腿立即猛力蹬地向前跃出；两掌向前、向上画弧摆起，目视左掌；右腿落地全蹲，左腿随即落地向前铲出成仆步；右掌变拳抱于腰侧，左掌由上向右、向下画弧成立掌，停于右胸前；目视左脚（见图 8-9）。

图 8-9　大跃步前穿

**7. 弓步击掌**

右腿猛力蹬直成左弓步；左掌经左脚面向后画弧至身后成勾手，左臂伸直，勾尖向上；右掌由腰侧变掌向前推出，掌指向上，掌外侧向前，目视右掌；重心移至两腿中间，左脚脚尖里扣成马步，上体右转；右臂向左侧平摆，稍屈肘，同时左勾手空掌由后经左腰侧从右臂内向前上穿出，掌心均朝上，目视左手；右掌立于左胸前，左掌左上屈肘抖腕，亮掌于头部左上方，掌心向前，目视右方（见图8-10）。

图 8-10　弓步击掌

### （三）第二段

**1. 虚步栽拳**

左脚蹬地，右腿屈膝提起；左腿伸直，以前脚掌为轴向右后转体180°；右掌由左胸前向下经右腿外侧向后画弧成勾手；左臂随体转动并外旋，使掌心朝右；目视右手。右脚向右落地，重心移至右腿上，下蹲成左虚步；左掌变拳下落于左膝上，拳眼向里，拳心向后；右勾手变拳，屈肘架于头右上方，拳心向前；目视左方（见图8-11）。

**2. 提膝穿掌**

右腿稍伸直，右拳变掌收至腰侧，掌心向上；左拳变掌由下向左、向上画弧盖压于头上方，掌心向前。右腿蹬直，左腿屈膝提起，脚尖内扣；右掌从腰侧经左臂内向右前上方穿出，掌心向上；左掌收至右胸前成立掌；目视右掌（见图8-12）。

图 8-11　虚步栽拳　　　　图 8-12　提膝穿掌

**3. 仆步穿掌**

右腿全蹲，左脚向左后方铲出成左仆步；右臂不动，左掌由右胸前向下经左腿内侧，向左脚面穿出；眼随左掌转视（见图8-13）。

### 4. 虚步挑掌

右脚蹬直，重心前移至左脚，成左弓步。右掌稍向下降，左掌随重心前移向前挑起；右脚向左前方上步，左腿半蹲，成右虚步；身体随上步左转180°。在右脚上步的同时，左掌由前向上、向后画弧成立掌，右掌由后向下、向前上挑起成立掌，指尖与眼平；目视右掌（见图8-14）。

图 8-13　仆步穿掌　　　　　　　图 8-14　虚步挑掌

### 5. 马步击掌

右脚落地，脚尖外撇，重心稍升高并右移，左掌变拳收回腰侧；右掌俯掌向外捋手。左脚向前上一步，以右脚为轴向右后转体180°，两腿下蹲成马步；左掌从右臂上成立掌向左侧击出；右掌变拳收至腰侧；目视左掌（见图8-15）。

图 8-15　马步击掌

### 6. 叉步双摆掌

重心稍右移，同时两臂向下、向右摆，掌指均向上；目视右掌。右脚向左腿后插步，前脚掌着地；两臂继续由右向上、向左摆，停于身体左侧，均成立掌；右掌停于左肘窝处；眼随双掌转视（见图8-16）。

图 8-16　叉步双摆掌

### 7. 弓步击掌

两腿不动；左掌收至腰侧，掌心向上；右掌向上、向右画弧，掌心向下；左脚后撤一步，成右弓步；右掌向下、向后伸直摆动，成勾手，勾尖向上；左掌成立掌向前推出；目视左掌（见图 8-17）。

**图 8-17　弓步击掌**

### 8. 转身踢腿马步盘肘

两脚以前脚掌为轴向左后转体 180°。转体的同时，左臂向上向前划半立圆，右臂向下向后划半圆。右臂向下成反臂勾手，左臂向上成亮掌。右腿伸直，脚尖勾起，向额前踢。右脚向前落地，脚尖里扣。右手不动，左臂屈肘下落至胸前，左掌心向下，目视左掌。上体左转 90°，两腿下蹲成马步；同时左掌向前向左平捋变拳收至腰侧，右勾手变拳，右臂伸直，体后向右向前平摆，至体前时屈肘，肘尖向前，高与肩平，拳心向下；目视肘尖（见图 8-18）。

**图 8-18　转身踢腿马步盘肘**

### （四）第三段

#### 1. 歇步抡砸拳

重心稍升高，右脚尖外撇。右臂由胸前向上向右抡直；左拳向下向左，使臂抡直，目视右拳。两脚以前脚掌为轴，向右后转体 180°，右臂向下向后抡摆，左臂向前随身体转动；紧接上动，两腿全蹲成歇步；左臂随身体下蹲向下平砸，拳心向上，臂微屈；右臂伸直向上举起；目视左拳（见图 8-19）。

图 8-19　歇步抡砸拳

2. 仆步亮掌

　　左脚由右腿后抽出，向前一步，左腿蹬直，右腿半蹲，成右弓步。上体微向右转，左拳收至腰侧，右拳变掌向下经胸前向右横击掌。左脚蹬地，右腿屈膝提起，上体右转。左拳变掌从右掌上向前穿出，掌心向上；右掌平收至左肘下。右脚向右落步，屈膝全蹲，左腿伸直，成仆步。左掌向下向后画弧成勾手，勾尖向上；右掌向右向上画弧微屈，抖腕成亮掌，掌心向前。头随右手转动，至亮掌时，目视左方（见图 8-20）。

图 8-20　仆步亮掌

3. 弓步劈拳

　　右脚蹬地立起，左腿收回并向左前方上步。右掌变拳收至腰侧，左勾手变掌由下向前上经胸前向左做捋手。右腿经左腿前方向左绕上一步，左腿蹬直成右弓步。左手向左平捋后再向前挥摆，虎口朝前。在左手平捋的同时，右拳向后平摆，然后再向前、向上做抡劈拳，拳高与耳平，拳心向上，左掌外旋接扶右前臂，目视右拳（见图 8-21）。

图 8-21　弓步劈拳

192

4. 换跳步弓步冲拳

重心后移，右脚稍向后移动；右拳变掌，臂内旋，以掌背向下画弧挂至右膝内侧；左掌背贴靠右肘外侧，掌指向前；目视右掌。右腿自然上抬，上体稍向左扭转；右掌挂至体左侧，左掌伸向右腋下，目随右掌转视。右脚以全脚掌向下踩，与此同时，左脚急速离地抬起。右手由左向上、向前搂盖，而后变拳收至腰侧；左掌伸直向下、向上、向前屈肘下按，掌心向下。上体右转，目视左掌。左脚向前落步，右腿蹬直成左弓步；右拳向前冲出，拳高与肩平；左掌藏于右腋下，掌背贴靠腋窝；目视右拳（见图 8-22）。

**图 8-22　换跳步弓步冲拳**

5. 马步冲拳

上体右转 90°，重心移至两腿中间，成马步。右拳收至腰侧，左掌变拳向左冲出，拳眼向上；目视左掌（见图 8-23）。

6. 弓步下冲拳

右腿蹬直，左腿弯曲，上体稍向左转，成左弓步；左拳变掌向下经体前向上架于头左上方，掌心向下；右拳自腰侧向左前斜下方冲出；目视右拳（见图 8-24）。

**图 8-23　马步冲拳**　　　　**图 8-24　弓步下冲拳**

7. 叉步亮掌侧踹腿

上体稍向右转。左掌由头上下落于右手腕上，右拳变掌，两手交叉成十字；目视双手。右脚蹬地并向左腿后插步，以前脚掌着地。左掌由体前向下向后画弧成勾手，勾尖向上；右掌由前向右、向上画弧抖腕亮掌，掌心向前；目视左侧。

重心移至右腿，左腿屈膝提起，向左上方猛力蹬出；上肢姿势不变，目视左侧
（见图 8-25）。

图 8-25　叉步亮掌侧踹腿

8. 虚步挑拳

左脚在左侧落地；右掌变拳稍后移，左勾手变拳由体后向左上挑，拳背向
上；上体左转 180°，微含胸前俯；左拳继续向前、向下画弧上挑，右拳向下、
向前画弧挂至右膝外侧，同时右膝提起，目视右拳。右脚向左前方上步，脚尖
点地，重心落于左脚，左腿下蹲成右虚步。左拳向后画弧收至腰侧，拳心向上；
右拳向前屈臂挑出，拳眼斜向上，拳与肩同高；目视右拳（见图 8-26）。

图 8-26　虚步挑拳

（五）第四段

1. 弓步顶肘

重心升高，右脚踏实；右臂内旋向下直臂画弧以拳背下挂至右膝内侧，左
拳不变；目视前下方。左腿蹬直，右腿屈膝上抬；左拳变掌，右拳不变；两臂向
前、向上画弧摆起；目随右拳转视。左脚蹬地起跳，身体腾空，两臂继续画弧
至头上。右脚先落地，右腿屈膝，左腿向前落步，以前脚掌落地；同时两臂向
右、向下屈肘停于右胸前，右拳变掌，左掌变拳，右掌心贴靠左拳面；左脚向
左上一步，左腿屈膝，右腿蹬直成左弓步；右掌推左拳，以左肘尖向左顶出，
高与肩平，目视前方（见图 8-27）。

图 8-27　弓步顶肘

**2. 转身左拍脚**

以两脚前脚掌为轴向右后转体 180°。随着转体，右臂向上、向右、向下画弧抡摆，同时左拳变掌向下、向后、向前上抡摆；左腿伸直向前上踢起，脚面绷平；左掌变拳收至腰侧，右掌由体后向上、向前拍击脚面（见图 8-28）。

图 8-28　转身左拍脚

**3. 右拍脚**

左脚向前落地，左拳变掌向下、向后摆，右掌变拳收回腰侧。右脚伸直向前踢起，脚面绷平。左掌由后向上、向前拍击右脚面（见图 8-29）。

图 8-29　右拍脚

**4. 腾空飞脚**

右脚落地，左脚向前摆起，右脚猛力蹬地跳起，左腿屈膝继续前上摆。同时右拳变掌向前、向上摆起，左掌先上摆而后下降拍击右掌背。右腿继续上摆，脚面绷平。右掌拍击右脚面，左掌由体前向后上举（见图 8-30）。

图 8-30　腾空飞脚

**5.歇步下冲拳**

左、右脚先后落地。左掌变拳收至腰侧。身体右转 90°，两腿全蹲成歇步。右掌抓握、外旋变拳收至腰侧；左拳由腰侧向前下方冲出，拳心向下，目视左拳（见图 8-31）。

图 8-31　歇步下冲拳

**6.仆步抡劈拳**

左臂随重心升高向上摆起，右臂由腰间向体后伸直。以右脚前脚掌为轴，左腿屈膝提起，上体左转 270°。左拳由前向后下划立圆一周，右拳由后向下、向前上划立圆一周。左腿向后落一步，屈膝全蹲，右腿伸直，脚尖里扣成右仆步。右拳由上向下抡劈，拳眼向上；左拳后上举，拳眼向上，目视右拳（见图 8-32）。

图 8-32　仆步抡劈拳

**7.提膝挑掌**

重心前移成右弓步；同时右拳变掌由下向上抡摆，左拳变掌稍下落，右掌心向左，左掌心向右；左、右臂在垂直面上由前向后各划立圆一周；右臂伸直停于头上，掌心向左，掌指向上；左臂伸直停于身后成反勾手；同时右腿屈膝提起，左腿挺膝伸直独立，目视前方（见图8-33）。

图8-33　提膝挑掌

8.提膝劈掌弓步冲拳

下肢不动。右掌由上向下猛劈伸直，停于右小腿内侧，用力点在小指一侧；左勾手变掌，屈臂向前停于右上臂内侧，掌心向左，目视右掌；右脚向右后落地，身体右转90°，同时左掌变拳收至腰侧，右臂内旋向右画弧做劈掌；上动不停，左腿蹬直成右弓步。右手抓握变拳收至腰侧，左拳由腰侧向左前方冲出，目视左拳（见图8-34）。

图8-34　提膝劈掌弓步冲拳

## （六）结束动作

1.虚步亮掌

右脚扣于左膝后，两拳变掌，两臂右上左下屈肘交叉于体左前，目视右掌；右脚向右后落步，重心后移，右腿半蹲，上体稍右转。同时右掌向上、向右、向下画弧停于左腋下；左掌向左、向上画弧停于右臂上，两掌心左下右上，目视左掌；左脚尖稍向右移，右腿下蹲成左虚步。左臂伸直向左、向后画弧成反勾手；右臂伸直向下、向右、向上画弧抖腕亮掌，掌心向前，目视左方（见图8-35）。

197

**图 8-35　虚步亮掌**

**2. 并步对拳**

左腿后撤一步，同时两掌从两腰侧向前穿出伸直，掌心向上；右腿后撤一步，同时两臂分别向体后下摆；左脚后退半步向右脚并拢。两臂由后向上经体前屈臂下按，两掌变拳，停于腹前，拳心向下，拳面相对，目视左方（见图 8-36）。

**图 8-36　并步对拳**

**3. 还原**

两臂自然下垂，目视正前方。

# 第二节　太极拳（二十四式）

## 一、二十四式太极拳的特点

### （一）体松心静

太极拳是一种"静中有动、动中求静"的休养术，与其他竭尽全力追求高度、速度、远度的竞技运动截然不同。练习太极拳，首先要使身体充分放松，头颈部、肩部、胸部、腰部、上肢和下肢均要充分放松，尤其是肩、髋、肘等几个大关节。身体放松了，才能在运动中保持自然舒展、柔和顺畅，才能做到"心静"。在练习太极拳时，尽管运动不息，但也要做到内心宁静从容。

### （二）柔和缓慢

太极拳的动作柔和缓慢，以柔劲为主，以意识引导动作，用意不用力。动作柔和的好处是用力较少，不使肌肉过于紧张。缓慢的好处是能使呼吸深长，增加吸氧量，并且气沉丹田，意、气、劲三者合一，这样动作自然舒展，感觉灵敏，步法稳健，气血调和。太极拳在运动时不用拙力，呼吸深沉自然，动作轻松柔缓，形神合一，虽动犹静。

### （三）连绵不断

在练习太极拳的过程中动作不能忽快忽慢、停顿或断续，要动作连贯，势势相承，动动相连，前后连贯，绵绵不断，形成有节律的连续运动。

### （四）圆活自然

太极拳的动作处处带有弧形。这是因为弧形动作转换灵活，不滞不涩，易于转化，合乎力学原理，也符合人体各关节自然弯曲的状态。因此，有人称太极拳为"圆的运动"。

### （五）协调完整

太极拳是一种需要身心高度协调配合的运动。无论是整个套路，还是单个动作姿势，都必须做到上下相随、协调完整、内外合一，把身体外形的动作与内在的意识完整地统一起来。在单个动作上，腰部一动，上、下肢均动，眼睛也跟着转动。太极拳动作要求以腰为轴，由腰部带动上、下肢运动，全身上下、左右相互呼应，做到"一动无所不动，一静无所不静"。

## 二、二十四式太极拳的动作名称

第一组：起势；左右野马分鬃；白鹤亮翅。

第二组：左右搂膝拗步；手挥琵琶；左右倒卷肱。

第三组：左揽雀尾；右揽雀尾；单鞭；云手；单鞭。

第四组：高探马；右蹬脚；双峰贯耳。

第五组：转身左蹬脚；左下势独立；右下势独立。

第六组：左右穿梭；海底针；闪通臂。

第七组：转身搬拦捶；如封似闭；十字手；收势。

## 三、二十四式太极拳的套路

### （一）第一组

1. 起势

起势动作如图 8-37 所示。

①开步站立。身体自然直立，两脚开立，与肩同宽，膝关节微微弯曲，脚尖向前。两臂自然下垂，两手放在大腿外侧，目向前平视。

②提气升掌。随吸气重心慢慢升高；两臂慢慢向前平举，两手高与肩平，与肩同宽，手心向下。

③屈膝按掌。上体保持正直，两腿屈膝下蹲；同时两掌轻轻下按至腹前，两肘下垂与两膝相对，目向前平视。

**图 8-37　起势**

2. 左右野马分鬃

左右野马分鬃动作如图 8-38 所示。

①上体微向右转，身体重心移至右腿上；同时右臂收在胸前平屈，手心向下，左手经体前向右下画弧放在右手下，手心向上，两手心相对成抱球状；左脚随即收到右脚内侧，脚尖点地；眼看右手。

②上体微向左转，左脚向左前方迈出，右脚跟后蹬，右腿自然伸直，成左弓步；同时上体继续向左转，左右手随转体慢慢分别向左上右下分开，左手高与眼平（手心斜向上），肘微屈，右手落在右胯旁，肘微屈，手心向下，指尖向前；眼看左手。

③上体慢慢后坐，身体重心移至右腿，左脚尖翘起，微向外撇（45°～60°），随后脚掌慢慢踏实，左腿慢慢前弓，身体左转，身体重心再移至左腿；同时左手翻转向下，左臂收在胸前平屈，右手向左上画弧放在左手下，两手心相对成抱球状；右脚随即收到左脚内侧，脚尖点地；眼看左手。

④右腿向右前方迈出，左腿自然伸直，成右弓步；同时上体右转，左右手随转体分别慢慢向左下右上分开，右手高与眼平（手心斜向上），肘微屈；左

手落在左胯旁，肘微屈，手心向下，指尖向前；眼看右手。

　　⑤与③解同，只是左右相反。

　　⑥与④解同，只是左右相反。

**图 8-38　左右野马分鬃**

### 3. 白鹤亮翅

白鹤亮翅动作如图 8-39 所示。

　　①上体微向左转，左手翻掌向下，左臂平屈胸前，右手向左上画弧，手心转向上，与左手成抱球状；眼看左手。

　　②右脚跟进半步，上体后坐，身体重心移至右腿，上体向右转，面向右前方，眼看右手；左脚稍向前移，脚尖点地，成左虚步，同时上体再微向左转，面向前方，两手随转体慢慢向右上左下分开，右手上提停于右额前，手心向左后方，左手落于左胯前，手心向下，指尖向前；眼平视前方。

**图 8-39　白鹤亮翅**

### （二）第二组

### 1. 左右搂膝拗步

左右搂膝拗步动作如图 8-40 所示。

　　①右手从体前下落，由下向后上方画弧至右肩部外侧，臂微屈，手与耳同高，手心向上；左手上起由左向上、向右下方画弧至右胸前，手心向下；同时上体微向左再向右转；眼看右手。

201

②上体左转，左脚向前（偏左）迈出成左弓步。同时右手屈回，由耳侧向前推出，高与鼻尖平；左手向下由左膝前搂过落于左胯旁，眼看右手手指。

③上体慢慢后坐，重心移至右腿上，左脚尖翘起微向外撇；随即左腿慢慢前弓，身体左转，重心移至左腿上，右脚向左脚靠拢，脚尖点地；同时左手向外翻掌由左后向上画弧至左肩外侧，肘微屈，手与耳同高，上平举，手心向上；右手随转体向上、向左下画弧落于左肩前，手心向下；眼看左手。

④与②解同，左右相反。

⑤与③解同，左右相反。

⑥与②解同。

图 8-40  左右搂膝拗步

2. 手挥琵琶

右脚跟进半步，上体后坐，身体重心移至右腿上，左脚略提起稍向前移，变成左虚步，脚跟着地，脚尖翘起，膝部微屈；同时左手由左下向上挑举，高与鼻尖平，掌心向右，臂微屈，右手收回放在左臂肘部里侧，掌心向左；目视左手食指（见图 8-41）。

图 8-41  手挥琵琶

**3.左右倒卷肱**

左右倒卷肱动作如图 8-42 所示。

①右手翻掌（手心向上）经腹前由下向后上方画弧平举，臂微屈；左手随之翻掌向上，左脚尖落地，眼随着向右转体先向右看，再转看左手。

②右臂屈肘回收，右手由耳侧向前推出，手心向前，左手回收经左肋外侧向后上画弧平举，手心向上；右手随之再翻掌，向上；同时左腿轻轻提起向左后侧方退一步，脚尖先着地，然后慢慢踏实，重心在左腿上，成右虚步；眼随转体左看，再转看右手。

③与②解同，唯左右相反。

④与②解同。

⑤与②解同。

**图 8-42　左右倒卷肱**

**（三）第三组**

**1.左揽雀尾**

左揽雀尾动作如图 8-43 所示。

①身体慢慢向右转；左手自然下落经腹前画弧至右肋前，手心向上；右臂屈肘，手心转向下，收至右胸前，两手相对成抱球状；同时右脚尖微向外撇，左脚收回靠拢右脚，左脚尖点地。

②左脚向左前方迈出，上体微向左转，右脚跟向后蹬，脚尖微向里扣成左弓步；同时左臂平屈成弓形，用前臂外侧和手背向左侧推出，高与肩平，手心向后；右手向右下落放于右胯旁，手心向下；眼看左前臂。

③身体微向左转，左手随之前伸翻掌向下，右手翻掌向上，经腹前向上、向前伸至左腕下方；然后两手下捋，上体稍向右转，两手经腹前向右后方画弧，

直至右手手心向上，高与肩齐，左手手心向后平屈于胸前，同时重心移至右腿上；眼看右手。

④上体微向左转，右臂屈肘收回，右手收于左手手腕里侧（相距约5厘米），双手同时向前慢慢推出，左手心向后，右手心向前，左前臂要保持半圆，同时身体重心前移变成左弓步，眼看左手腕部。

⑤右手经左腕上方向前、向右伸出与左手齐，手心向下；左手翻掌向下，两手向左右分开，与肩同宽；然后上体后坐，重心移至右腿上，左脚尖翘起；两手屈肘回收至腹前，手心向前下方；眼向前平视。

⑥上势不停，两手向前、向上按出，手腕部高与肩平，同时左腿前弓成左弓步；眼平看前方。

图 8-43　左揽雀尾

2. 右揽雀尾

右揽雀尾动作如图 8-44 所示。

①上体后坐并向右转，重心移至右腿上，左脚尖里扣；右手向右平行画弧至右侧，然后由右下经腹前向左上画弧至左肋前，手心向上；左手翻掌向下平屈胸前与右手成抱球状；同时重心移至左腿上，右脚向左靠拢，脚尖点地。

②同"左揽雀尾"②解，将左变为右即可。

③同"左揽雀尾"③解，将左变为右即可。

④同"左揽雀尾"④解，将左变为右即可。

⑤同"左揽雀尾"⑥解，将左变为右即可。

图 8-44 右揽雀尾

3. 单鞭

单鞭动作如图 8-45 所示。

①上体后坐，重心逐渐移至左腿上，右脚尖里扣；同时上体左转，两手（左高右低）向左运转，至左臂平举于左侧，右手经腹前运至左肋前（左手心向左，右手心向后上方）；眼看左手。

②身体重心再渐渐移至右腿上，左脚向右脚靠拢，脚尖点地；同时右手向右上方画弧至右侧方时变勾手，臂与肩平；左手向下经腹前向右上画弧停于右肩前，手心向后；眼看左手。

③上体微向左转，左脚向左侧方迈出，右脚跟后蹬成左弓步；在身体重心移向左腿的同时，左掌慢慢翻转向前推出，手心向前，手指与眼齐平，臂微屈；眼看左手。

图 8-45 单鞭

4. 云手

云手动作如图 8-46 所示。

205

①重心移至右腿上，身体向右转，左脚尖里扣；左手经腹前向右上画弧至右肩前，手心斜向后，同时右手变掌，手心向右；眼看左手。

②身体重心慢慢左移；左手由面前向左侧运转，手心渐渐转向左方；右手由右下经腹前向左上画弧至左肩前，手心斜向后，同时右脚靠近左脚，成小开立步（两脚距离为 10～20 厘米）；眼看右手。

③右手向右侧运转，左手经腹前向右上画弧至右肩前，手心斜向后；同时右手翻转，手心向右，左脚向左横跨一步；眼看左手。

④同②解。

⑤同③解。

⑥同②解。

图 8-46　云手

5. 单鞭

单鞭动作如图 8-47 所示。

①右手继续向右运转，至右侧方时变成勾手；左手经腹前向上画弧至右肩前，手心向内，身体重心落于右腿，左脚尖点地；眼看左手。

②上体微向左转，左脚向左侧方迈出，右脚跟后蹬成弓步；在身体重心移向左腿的同时，左掌慢慢翻转向前推出，成"单鞭"式。

图 8-47　单鞭

## （四）第四组

### 1. 高探马

高探马动作如图 8-48 所示。

①右脚跟进半步，身体重心移至右腿上；右勾手变成掌，两手心翻转向上，两肘微屈，同时身体微向右转，左脚跟渐渐离地，成左虚步；眼看左手。

②上体微微左转，右掌经耳旁向前推出，手心向前，手指与眼同高；左手收至左侧腰前，手心向上；同时左脚微向前移，脚尖点地；眼看右手。

**图 8-48　高探马**

### 2. 右蹬脚

右蹬脚动作如图 8-49 所示。

①左手手心向上，前伸至右手腕背面，两手相互交叉，随即两手分开自两侧向下画弧，手心斜向下，同时左脚提起向左前方迈出成左弓步。

②两手由外围向里圈画弧合抱于胸前，右手在外，手心均向后；同时右脚向左脚靠拢，脚尖点地；眼平看右方。

③两臂左右分开平举，手心均向外，同时右脚提起向右前方慢慢蹬出；眼看右手。

**图 8-49　右蹬脚**

### 3. 双峰贯耳

双峰贯耳动作如图 8-50 所示。

①右腿收回，膝盖提起，左手由后向上、向前下落，右手心翻转向上，两手同时向下画弧分落于右膝盖两侧，手心均向上。

207

②右脚向右前方落下成右弓步，同时两手下垂，慢慢变拳，分别从两侧向上、向前画弧至脸前成钳状，拳眼都斜向后（两拳相距 10～20 厘米）；眼看右拳。

图 8-50　双峰贯耳

### （五）第五组

**1. 转身左蹬脚**

转身左蹬脚动作如图 8-51 所示。

①重心渐渐移至左腿上，右脚尖里扣，上体向左转，同时两拳变掌，由上分别向左、向右画弧分开平举，手心向前；眼看左手。

②重心再移至右腿上，左脚靠近右脚内侧，脚尖点地；同时两手由外围向里圈画弧合抱于胸前，左手在外，手心均向后；眼平看左方。

③两臂左右分开平举，手心均向外，同时左脚提起向左前方慢慢蹬出；眼看左手。

图 8-51　转身左蹬脚

**2. 左下势独立**

左下势独立动作如图 8-52 所示。

①左腿收回平屈，右掌变成勾手，然后左掌向上、向右画弧下落，立于右肩前；眼看右手。

②右腿慢慢屈膝下蹲；左腿向左侧（偏后）伸出，成左仆步；左手下落向左下经左腿内侧穿出；眼看左手。

③以左脚跟为轴，脚尖向外扭直（略外撇），随着右腿后蹬，左腿前弓，右脚尖里扣，上体微向左转并向前起身；同时左臂继续向前伸出（立掌），掌心向右，右勾的手下落，勾尖向后；眼看左手。

④右腿慢慢提起平屈（成独立式）；同时右勾手下落变成掌，并由后下方顺右腿外侧向前摆出，屈臂立于右腿上方，肘与膝相对，手心向左；左手落于左胯旁，手心向下；眼看右手。

图 8-52　左下势独立

### 3. 右下势独立

右下势独立动作如图 8-53 所示。

①右脚下落，脚尖点地，然后以左脚掌为轴向左转体，左脚微向外撇；同时左手向后平举变成勾手，右掌随着转体向左侧画弧，立于左肩前，掌心斜向后；眼看左手。

②同"左下势独立"②解，将左变为右即可。

③同"左下势独立"③解，将左变为右即可。

④同"左下势独立"④解，将左变为右即可。

图 8-53　右下势独立

### （六）第六组

### 1. 左右穿梭

左右穿梭动作如图 8-54 所示。

①身体微向左转，左脚向前落地，脚尖外撇，右脚跟离地成半坐盘式；同时两手在左胸前成抱球状（左上右下）；然后右脚向左脚内侧靠拢，脚尖点地；眼看左前臂。

②右脚向右前方迈出成右弓步，同时右手由面前向上举并翻掌停在右额前，手心斜向上；左手先向左下再经体前向前推出，高与鼻尖平，手心向前；眼看左手。

209

③身体重心略向后移，右脚尖稍向外撇，随即身体重心移至右腿上，左脚跟进，停于右脚内侧，脚尖点地；同时两手在右胸前成抱球状（右上左下）；眼看右前臂。

图 8-54　左右穿梭

2. 海底针

右腿向前跟进半步，左腿稍向前移，脚尖点地，变成左虚步；同时身体稍向右转，右手下落经体前向后、向上提起，并由右耳旁斜向前下方插出，指尖向下；与此同时，左手向前、向下画弧落于左胯旁，手心向下；眼看前下方（见图 8-55）。

图 8-55　海底针　　　　　　　　　图 8-56　闪通臂

3. 闪通臂

上体稍右转，左脚向前迈出成左弓步；同时右手由体前上提，掌心向上翻，右臂平屈于头上方，拇指朝下；左手上起向前平推，高与鼻尖平，手心向前；眼看左手（见图 8-56）。

## （七）第七组

1. 转身搬拦捶

转身搬拦捶动作如图 8-57 所示。

①上体后坐，重心移至右腿上，左脚尖里扣，身体向右后转，然后重心再移至左腿上；右手随着转体而向右、向下（变拳）经腹前画弧至左肘旁，拳心向下；左掌上举于头前方，掌心斜向上；眼看前方。

②向右转体，右拳经胸前向前翻转撇出，拳心向上，左手落于左胯旁；同时右脚收回后再向前迈出，脚尖外撇；眼看右拳。

③身体重心移至右腿上，左脚向前迈一步；左手上起经左侧向前平行画弧推出，掌心向前下方，同时右拳收到右腰旁，拳心向上；眼看左手。

④左腿前弓变成左弓步，同时右拳向前打出，拳眼向上，高与胸平，左手附于右前臂里侧；眼看右拳。

（正反面）　　　　　　（正反面）

图 8-57　转身搬拦捶

2. 如封似闭

如封似闭动作如图 8-58 所示。

①左手由右腕下向前伸，右拳变掌，两手心向上慢慢回收；同时身体后坐，左脚尖翘起，重心移至右腿；眼看前方。

②两手在胸前翻掌，向前推出，腕与肩平，手心向前；同时左腿前弓变左弓步；眼看前方。

图 8-58　如封似闭

3. 十字手

十字手动作如图 8-59 所示。

①身体重心移至右腿上，左脚尖里扣，向右转体；右手随着转体动作向右平摆画弧，与左手成两臂侧平举，肘部下垂；同时右脚尖随着转体稍向外撇，

211

成右弓步；眼看右手。

②身体重心慢慢移至左腿，右脚尖里扣，然后右脚向左收回与左脚成开立步，两脚距离与肩同宽；同时两手向下经腹前向上画弧交叉于胸前，右手在外，手心均向后，成十字手；眼看前方。

图 8-59　十字手

4.收势

两手向外翻掌，手心向下，慢慢下落于两胯外侧，眼看前方（见图 8-60）。

图 8-60　收势

# 第九章　健美操运动

## 第一节　健美操运动基本动作

### 一、健美操的基本动作术语

#### （一）运动方向术语

运动方向是指身体各部位运动的方向，一般根据人体直立时的基本方位来确定。

向前：做动作时胸部所对的方向。

向后：做动作时背部所对的方向。

向侧：做动作时肩侧所对的方向，必须指明左侧或右侧。

向上：头顶所对的方向。

向下：脚底所对的方向。

中间方向和斜方向：指两个基本方向之间 45° 的方向，如侧上、前下。

顺时针：转动过程与时针运动方向相同。

逆时针：转动过程与时针运动方向相反。

#### （二）动作之间相互关系术语

同时：不同部位的动作要在同一时间内完成。

依次：肢体或不同个体相继做同样性质的动作。

对称：左、右肢体做相同的动作，但方向相反。

不对称：左、右肢体做互不相同的动作。

#### （三）健美操基本步伐名称术语

踏步：在原地两脚交替落地。

走：踏步移动身体。

一字步：向前一步并腿，向后一步并腿。

V字步：左脚向左前迈一步，紧接着右脚向右前迈一步，屈膝，然后依次退回原位。

漫步：左脚向前踏一步，屈膝，右脚稍抬起然后落回原处，接着左脚再向后踏一步，右脚同样稍抬起来然后落回原处。

并步：左脚向左侧迈一步，右脚前脚掌并于左脚脚弓处，稍屈膝下蹲。

交叉步：一腿向侧迈出，另一腿在其后交叉，稍屈膝，随之再向侧一步，另一脚与之并拢。

半蹲：两腿分开或并拢，屈膝。

点地：一脚脚尖或脚跟触地，另一腿稍屈膝。

后屈腿：一腿站立，另一腿后屈，然后还原。

弓步：一腿向前（侧、后）迈步屈膝，另一腿伸直。

吸腿：一腿站立，另一腿屈膝向上抬起。

弹踢腿：一腿站立，另一腿先屈膝，然后向前下方弹直。

开合跳：由并腿跳成分腿，然后再跳回并腿。

并步跳：一脚向前侧迈一步同时跳起，另一脚迅速与之并拢成双脚落地。

## 二、健美操的基本动作

掌握健美操的基本动作就可以为尽快地掌握复杂动作和成套动作打好基础。

### （一）手形

健美操手形主要有掌和拳两种，如图9-1所示。

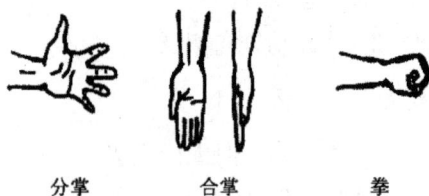

分掌　　　　合掌　　　　拳

图9-1　健美操手形

1. 掌

掌包括分掌与合掌。

①分掌：五指用力分开，手腕保持一定的紧张度。

②合掌：五指并拢伸直。

2. 拳

拳：五指弯曲紧握，大拇指紧扣食指和中指的第二指节。

### （二）身体各部位基本动作

1. 头、颈部动作

头、颈部动作由屈、转、绕和绕环等动作组成，如图 9-2 所示。

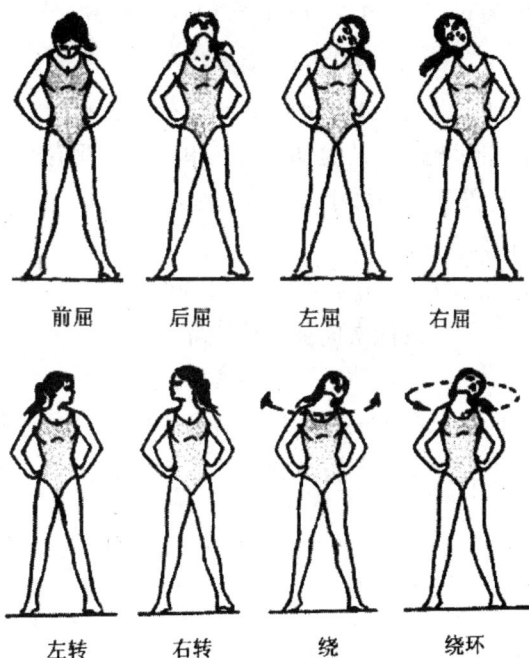

前屈　　　后屈　　　左屈　　　右屈

左转　　　右转　　　绕　　　绕环

图 9-2　头、颈部动作

①屈：指头颈关节角度的弯曲，包括前、后、左、右屈。

②转：指头颈部绕身体垂直轴的转动，包括左、右转。

③绕和绕环：指头以颈为轴心的弧形和圆形运动，包括左、右绕和左、右绕环。

动作要求：做各种形式头颈动作时，上体保持正直，速度要慢，头颈移动的方向要准确，使颈部被动肌群充分伸展。

2. 肩部动作

肩部动作由提肩、沉肩、绕肩和肩绕环等动作组成，如图9-3所示。

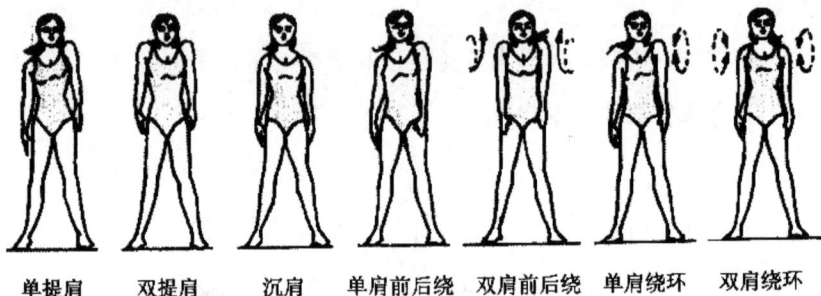

单提肩　　双提肩　　沉肩　　单肩前后绕　双肩前后绕　单肩绕环　双肩绕环

**图9-3　肩部动作**

①提肩：指肩胛骨做向上的运动，包括单提肩、双肩的同时提和依次提。

②沉肩：指肩胛骨做向下的运动，包括单沉肩、双肩的同时沉和依次沉。

③绕肩：指以肩关节为轴做小于360°的弧形运动，包括单肩向前、后绕，双肩同时或依次向前、后绕。

④肩绕环：指以肩关节为轴做360°及360°以上的圆形运动，包括单肩向前、后绕环，双肩同时或依次向前、后绕环。

动作要求：

①提肩时尽力向上，沉肩时尽力向下，动作幅度大而有力。

②绕肩时上体不能摆动，两臂放松，头颈不能前探；动作连贯，速度均匀，幅度大。

3. 上肢（手臂）动作

上肢（手臂）动作由举、屈、摆、绕、绕环、振和旋等动作组成。

①举：指以肩为轴，臂的活动范围不超过180°而停止在某一部位的动作，包括单臂和双臂的前、后、上、侧举，以及不同中间方向的举（如侧上举、侧下举等），如图9-4所示。

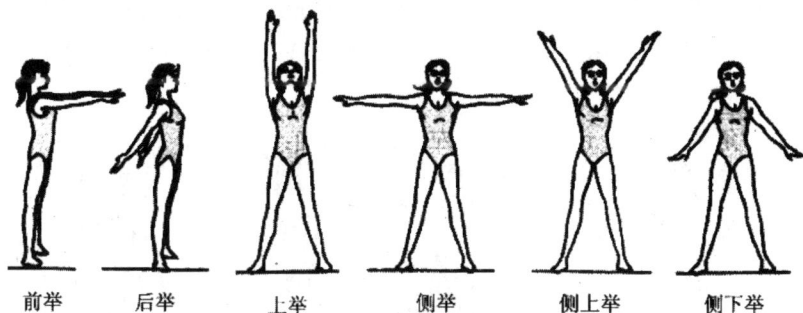

前举　　　　后举　　　　上举　　　　侧举　　　　侧上举　　　　侧下举

**图 9-4　举臂**

②屈：指肘关节产生了一定的弯曲角度，包括胸前屈、胸前平屈、肩侧屈、肩上侧屈、肩下侧屈、肩上前屈、腰间屈和头后屈等，如图 9-5 所示。

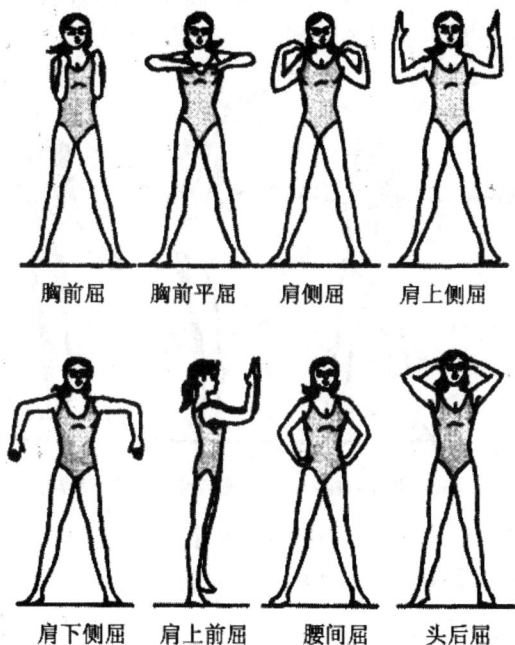

胸前屈　　　　胸前平屈　　　　肩侧屈　　　　肩上侧屈

肩下侧屈　　　　肩上前屈　　　　腰间屈　　　　头后屈

**图 9-5　屈臂**

③摆：指以肩或肘关节为轴，向身体各方向做钟摆式运动，如图 9-6 所示，包括单臂和双臂同时或依次向前、后、左、右摆。

④绕：指双臂或单臂向内、外、前、后做 180° 以上 360° 以下的弧形运动，图 9-7 所示为双臂向内外绕。

⑤绕环：指以肩关节为轴，双臂或单臂做360°及360°以上的圆形运动，包括向前、向后、向内的绕环，图9-8所示为单臂前后绕环和双臂前后绕环。

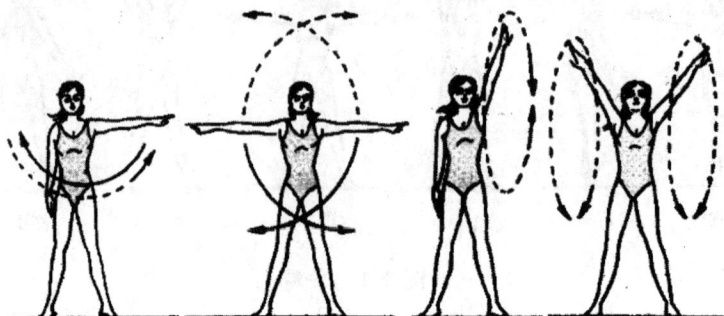

图9-6 摆臂　　　　9-7 绕臂　　　　9-8 手臂绕环

⑥振：指以肩为轴，手臂用力摆至最大幅度，包括侧举后振、上举后振和下举后振，如图9-9所示。

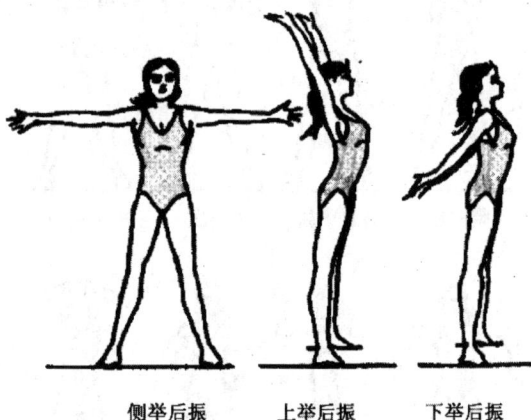

侧举后振　　　上举后振　　　下举后振

图9-9 振臂

⑦旋：指以肩或肘为轴做臂的内旋或外旋动作，如图9-10所示。

动作要求：

①做臂的举、屈伸时，肩下沉。

②做臂的摆动时，起与落要保持弧形。

③上体保持正直，位置准确，幅度要大，力达身体最远端。

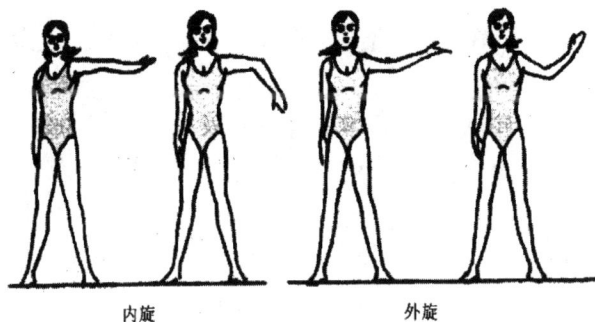

图 9-10  旋臂

内旋          外旋

### 4.胸部动作

胸部动作由含胸、展胸和移胸等动作组成，如图 9-11 所示。

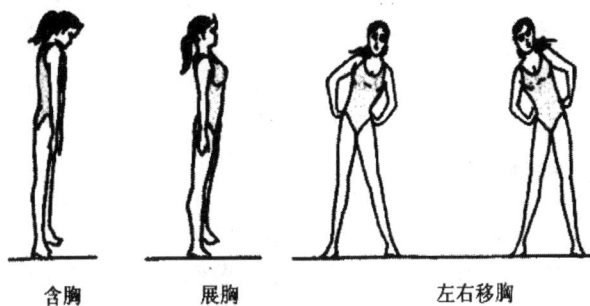

含胸          展胸          左右移胸

图 9-11  胸部动作

①含胸：指两肩内合，缩小胸腔。

②展胸：指两肩外展，扩大胸腔。

③移胸：指髋部固定，胸做向左、向右水平的移动。

动作要求：练习时，收腹、立腰，含、展、移胸要到极限。

### 5.腰部动作

腰部动作由屈、转、绕和绕环等动作组成，如图 9-12 所示。

前屈          后屈          左屈          右屈

图 9-12  腰部动作

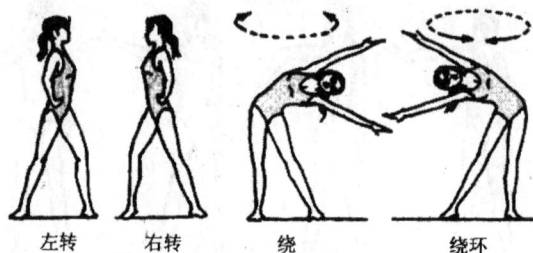

左转　　　右转　　　绕　　　　绕环

**图 9-12　（续）**

①屈：指下肢固定，上体沿矢状轴和水平轴的运动，包括前、后、左、右屈。

②转：指下肢固定，上体沿垂直轴的扭转，包括左、右转。

③绕和绕环：指下肢固定，上体沿垂直轴做弧形和圆形运动，包括左、右绕和绕环。

动作要求：

①练习时，身体远端尽力向外延伸，绕环幅度要大，充分而连贯，速度放慢。

②腰前屈、转时，上体立直。

6. 髋部动作

髋部动作由顶髋、提髋、绕髋和髋绕环等动作组成，如图 9-13 所示。

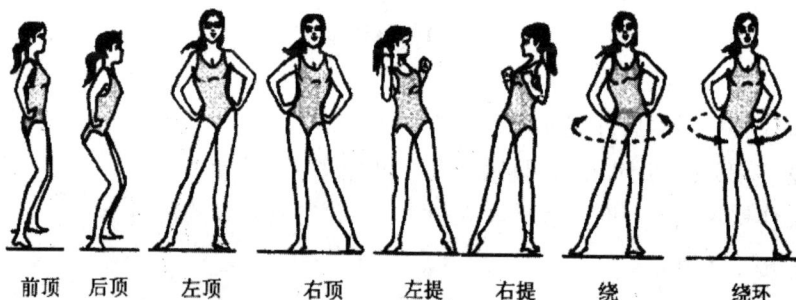

前顶　　后顶　　左顶　　右顶　　左提　　右提　　绕　　　绕环

**图 9-13　髋部动作**

①顶髋：指髋关节做急速的水平移动，包括前、后、左、右顶髋。

②提髋：指髋关节做急速向一侧上提的动作，包括左、右提髋。

③绕髋和髋绕环：指髋关节做弧形、圆形移动，包括向左、右绕和绕环。

动作要求：髋关节做顶、提、绕和绕环时应平稳、柔和、协调，稍带弹性，上体要放松。

7. 下肢动作

下肢动作由滚动步、交叉步、跑跳步、并腿跳和侧摆腿跳等动作组成，如图 9-14 所示。

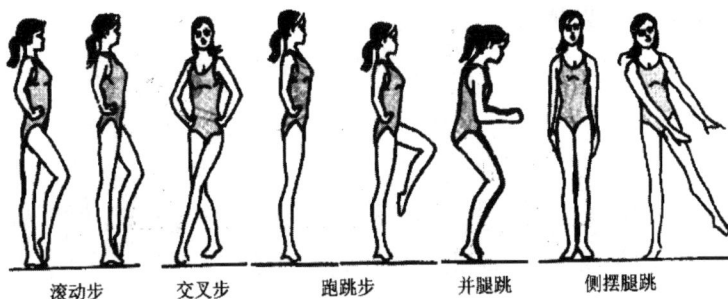

图 9-14　下肢动作

①滚动步：两脚同时交替做由前脚尖至全掌依次落地动作。

②交叉步：一脚向另一脚前或后交叉行进。

③跑跳步：两脚交替进行，跑后支撑阶段有一次跳的过程。

④并腿跳：双腿并拢，直膝或屈膝跳。

⑤侧摆腿跳：单腿跳起，同时另一腿向外侧摆动。

动作要求：跳跃要轻松自如，有弹性，注意呼吸配合。

（三）基本站立

基本站立包括立、弓步和跪立，如图 9-15 所示。

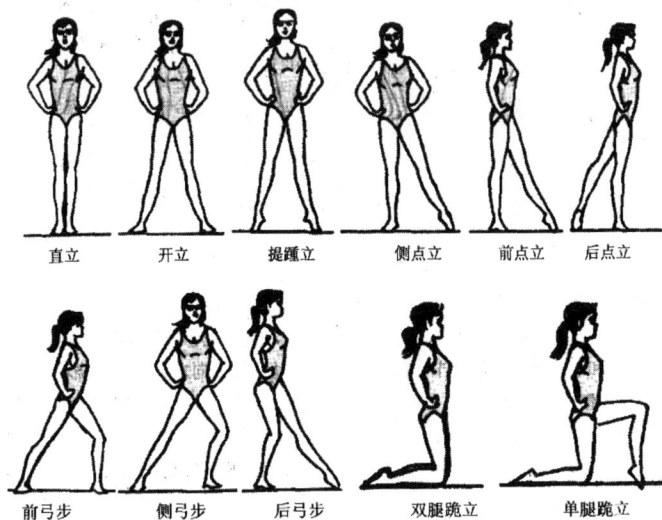

图 9-15　基本站立

1. 立

①直立：指头颈、躯干和脚的纵轴保持在一条直线上。

②开立：指两脚左右分开与肩同宽或宽于肩。

③提踵立：指两脚跟提起，用前脚掌站立。

④点地立：指一腿直立（重心在站立脚上），另一腿向各方向伸直，脚尖点地，包括侧点立、前点立、后点立。

2. 弓步

弓步指一腿向某方向迈出一步，膝关节弯曲成90°左右，膝部与脚尖垂直，另一腿伸直，包括左、右腿的前、侧、后弓步。

3. 跪立

跪立指大腿与小腿成直角的跪姿，包括双腿跪立和单腿跪立。

动作要求：

①站立时，头正直，上体保持挺直、沉肩、挺胸、收腹、收臀、立腰、立背、直膝。

②提踵立时，两腿内侧肌群用力收紧，起踵越高越好。

③弓步时，前弓步和侧弓步的重心在两腿之间，后弓步的重心在后腿。

### （四）基本步伐

国际体操联合会健美操委员会出版的《竞技性健美操规则》把健美操的步伐分为以下7大类：踏步、开合跳、吸腿跳、踢腿跳、弓步跳、弹踢腿跳和后踢腿跳，如图9-16所示。

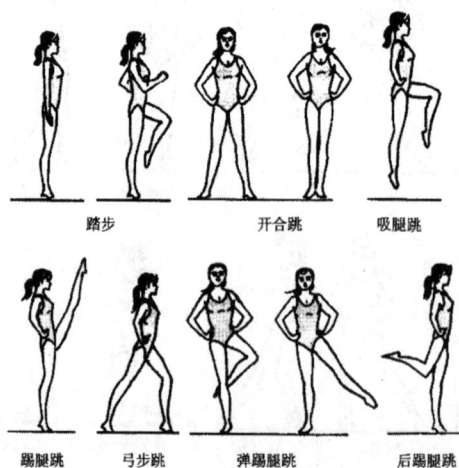

踏步　　　　　开合跳　　　　吸腿跳

踢腿跳　　弓步跳　　弹踢腿跳　　后踢腿跳

**图9-16　基本步伐**

①踏步：两脚交替不间断地做屈膝上提然后踏地的动作，包括脚尖不离地的踏步、脚离地的踏步和高抬腿的大幅度踏步。

②开合跳：并腿跳至开立，分腿跳至并立。

③吸腿跳：单腿跳起，同时另一腿屈膝向前、侧上提。

④踢腿跳：单腿跳起，同时另一腿直腿向前、侧方向踢出，包括小幅度和大幅度的踢腿。

⑤弓步跳：并腿跳起，落地时成前（侧、后）弓步。

⑥弹踢腿跳：单腿跳起，同时另一腿经屈膝向前、侧方向弹踢。

⑦后踢腿跳：两脚交替有短暂腾空过程（类似跑步），小腿向后屈。

动作要求：

①踏步：落地时，由脚尖过渡到脚跟着地；屈膝时，胯微收；两臂前后自然摆动。

②开合跳：分腿时，两腿自然外开，膝关节沿脚尖方向弯曲；跳起与落地时，屈膝缓冲。

③吸腿跳：大腿用力上提，小腿自然下垂。

④踢腿跳：踢腿时，须加速用力，上体保持正直、立腰。

⑤弓步跳：跳成弓步时，控制好身体重心。

⑥弹踢腿跳：大腿抬起至一定角度后，小腿自然伸直，膝关节稍有控制。

⑦后踢腿跳：髋和膝在一条线上，小腿叠于大腿。

## 第二节　健美操运动组合动作

本组合选择了健美操的部分基本动作，按照从头部至下肢的顺序编排而成，既可作为学习健美操基本动作的索引，又可作为全面活动身体的一个健美操锻炼套路。如果采用集体变队形的方式进行练习或比赛，不仅活泼有趣，还可以培养创造能力，提高集体观念。

### 一、预备节（2×8拍）

预备节动作如图9-17所示。

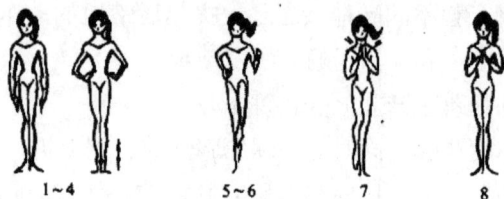

图 9-17　预备节

## 二、第一节　头部运动（2×8 拍）

第一个 8 拍动作如图 9-18 所示。

图 9-18　第一节第一个 8 拍

第二个 8 拍动作如图 9-19 所示。

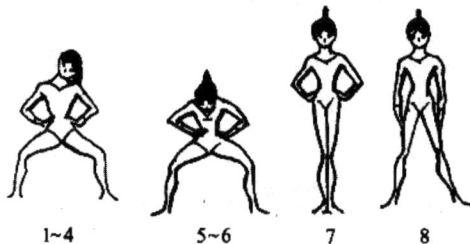

图 9-19　第一节第二个 8 拍

## 三、第二节　肩部运动（2×8 拍）

第一个 8 拍动作如图 9-20 所示。

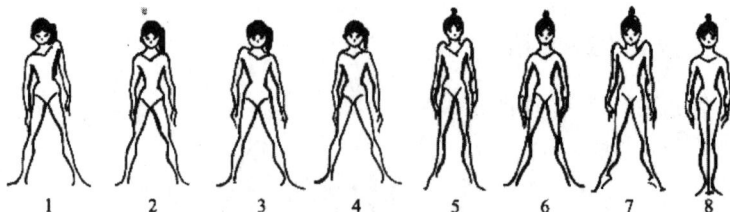

图 9-20　第二节第一个 8 拍

第二个 8 拍动作如图 9-21 所示。

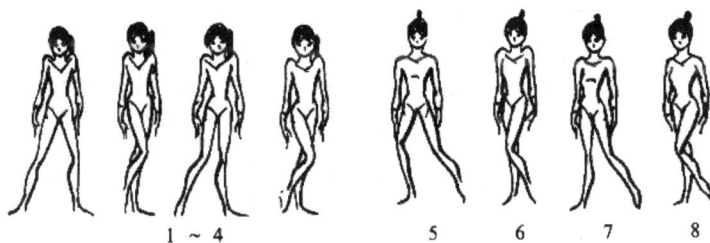

图 9-21　第二节第二个 8 拍

## 四、第三节　髋部运动（4×8 拍）

第一个 8 拍动作如图 9-22 所示。

图 9-22　第三节第一个 8 拍

第二个 8 拍动作如图 9-23 所示。

图 9-23　第三节第二个 8 拍

第三个 8 拍动作如图 9-24 所示。

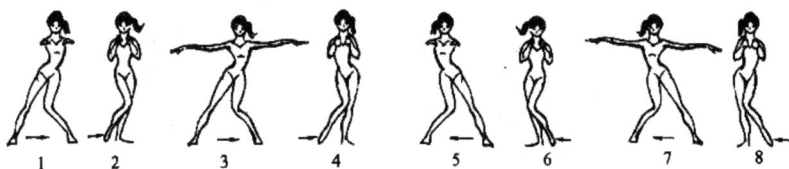

图 9-24　第三节第三个 8 拍

225

第四个 8 拍动作如图 9-25 所示。

图 9-25　第三节第四个 8 拍

## 五、第四节　躯干运动（4×8 拍）

第一个 8 拍动作如图 9-26 所示。

图 9-26　第四节第一个 8 拍

第二个 8 拍动作如图 9-27 所示。

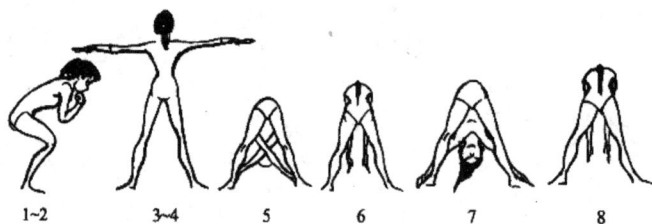

图 9-27　第四节第二个 8 拍

第三个 8 拍动作如图 9-28 所示。

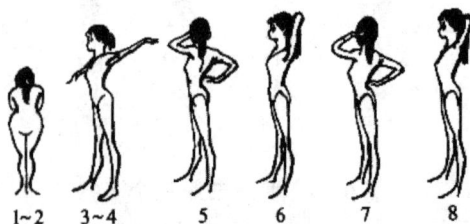

图 9-28　第四节第三个 8 拍

第四个 8 拍动作如图 9-29 所示。

图 9-29 第四节第四个 8 拍

## 六、第五节 下肢运动（4×8 拍）

第一个 8 拍动作如图 9-30 所示。

图 9-30 第五节第一个 8 拍

第二个 8 拍动作如图 9-31 所示。

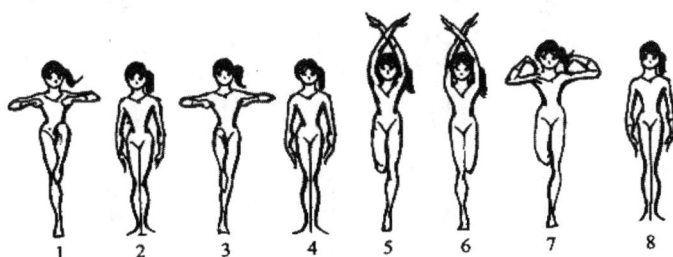

图 9-31 第五节第二个 8 拍

第三个 8 拍动作如图 9-32 所示。

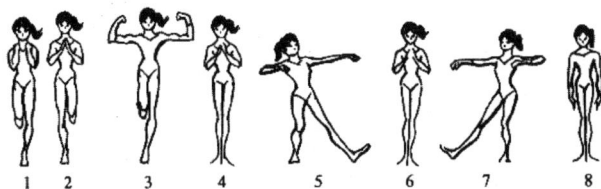

图 9-32 第五节第三个 8 拍

227

第四个 8 拍动作如图 9-33 所示。

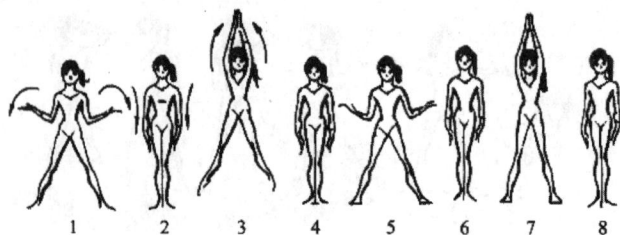

**图 9-33　第五节第四个 8 拍**

## 七、整理节（2×8 拍）

第一个 8 拍动作如图 9-34 所示。

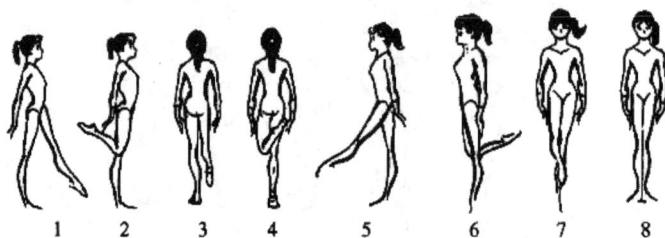

**图 9-34　整理节第一个 8 拍**

第二个 8 拍动作如图 9-35 所示。

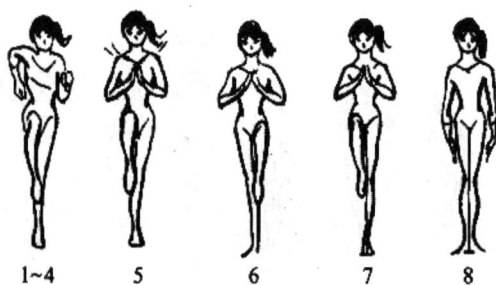

**图 9-35　整理节第二个 8 拍**

# 参考文献

[1] 张相安，杨建华. 大学体育与健康 [M]. 北京：北京邮电大学出版社，2017.

[2] 周文军，方达泉，孙林峰. 大学体育教程 [M]. 长沙：中南大学出版社，2016.

[3] 张振县，卿洪华. 大学生体育与健康教程 [M]. 长沙：中南大学出版社，2016.

[4] 孔军. 高校体育与健康 [M]. 武汉：武汉大学出版社，2016.

[5] 张金钢. 大学生体育与健康 [M]. 天津：南开大学出版社，2016.

[6] 孙亮亮，张建，谢纳，等. 大学生体育与健康 [M]. 成都：西南交通大学出版社，2015.

[7] 王玉富，席光庆，赵紫衡. 高职院校职业实用性体育教程 [M]. 北京：新华出版社，2015.

[8] 赵广涛. 大学体育与健康 [M]. 北京：新华出版社，2015.

[9] 赵学森，蒋东升，凌齐. 体育文化与健康教育 [M]. 北京：北京理工大学出版社，2015.

[10] 高成强，张占平. 大学体育与健康教程 [M]. 西安：西安交通大学出版社，2014.

[11] 朱冬宁，庞继捷. 体育与健康 [M]. 北京：电子工业出版社，2014.

[12] 彭雪涵，王萍丽，汪焱. 大学体育 [M]. 北京：高等教育出版社，2014.

[13] 胡红，薛山. 大学体育理论教程 [M]. 4 版. 重庆：重庆大学出版社，2014.

[14] 于平，王厚民. 篮球运动 [M]. 合肥：合肥工业大学出版社，2014.

[15] 贡建伟. 大学体育与健康教程 [M]. 北京：科学出版社，2014.

[16] 孙波. 高职实用体育与健康教程 [M]. 成都：电子科技大学出版社，2013.

[17] 刘大川，杨春玲，王钟音. 体育与健康 [M]. 北京：北京大学医学出版社，2013.

[18] 谢相和. 大学网球教程 [M]. 成都：四川大学出版社，2013.

[19] 陈亚麟. 现代排球 [M]. 西安：西北工业大学出版社，2011.

[20] 董勤广. 大学生体育理论与实践教程 [M]. 哈尔滨：哈尔滨工业大学出版社，2013.

[21] 王公法，罗远标，梁丽凤. 大学公共体育教育观新思考 [J]. 教育评论，2014（5）：117-119.

[22] 赵振浩. 关于高校轮滑教学问题的探讨 [J]. 辽宁医学院学报（社会科学版），2013，11（4）：83-85.

[23] 邹恒. 浅析拓展训练在高校体育课程的开展 [J]. 科技信息，2011（23）：160.

[24] 陈新华，陶涛. 高校公共体育教学改革探析 [J]. 江苏高教，2010（5）：85-86.

[25] 王树宏. 高校体育课程中增设野外生存生活训练内容的探讨 [J]. 成都体育学院学报，2009，35（1）：92-94.

[26] 李红艳. 户外运动的理论与实践研究 [D]. 北京：北京体育大学，2006.

[27] 盖洋. 中国竞技排球技战术发展特征及体能训练理论体系与实证研究 [D]. 北京：北京体育大学，2008.

[28] 陈家鸣. 乒乓球比赛战术的博弈分析 [D]. 北京：北京体育大学，2008.

[29] 吴卫兵. 我国优秀羽毛球运动员运动训练机能监控及其决策支持系统研究 [D]. 上海：上海体育学院，2009.